Alles was ich wissen will

Säugetiere

Die Deutsche Bibliothek – CIP-Einheitsaufnahme

Ein Titeldatensatz für diese Publikation ist bei
Der Deutschen Bibliothek erhältlich

1 2 3   04 03 02

Text: Linsay Knight
Grafik: Graham Back, Greg Bridges, Simone End,
Christer Eriksson, Mike Golding, Mike Gorman, Richard Hook,
David Kirshner, Alex Lavroff, Colin Newman,
Oliver Rennert, Trevor Ruth, Rod Scott, Steve Seymour,
Ray Sim, Kevin Stead

Rechte der Originalausgabe:
Weldon Owen Pty Limited
Titel der Originalausgabe: Mammals
© Weldon Owen Pty Limited
© der deutschen Originalausgabe bei Der Club – RM Buch
und Medien Vertrieb GmbH und der angeschlossenen
Buchgemeinschaften

Übersetzung aus dem Englischen und deutsche Bearbeitung:
Hans Peter Thiel/Marcus Würmli
Redaktion: Maike Dreyer
Umschlaggestaltung: vitamin_Be
Printed in Germany
ISBN 3-473-35948-3

www.ravensburger.de

Säugetiere

Ravensburger Buchverlag

Inhalt

Familienleben

Löwen sind in vielerlei Hinsicht typische Säugetiere. Sie haben ein dichtes Fell, jagen in Gruppen und kümmern sich lange Zeit um ihre Jungen. Die Löwenbabys werden bis zu sechs Monate lang von den Müttern gesäugt.

Winterschlaf

Da es im Winter wenig Futter gibt, fallen viele Säuger im Herbst in einen Winterschlaf. Sie verringern dabei ihre Körpertemperatur und den Herzschlag und atmen kaum noch. Den ganzen Winter über zehren sie von der Fettschicht, die sie sich im Sommer angefressen haben.

Die Säugetiere

Die meisten Haustiere wie Hunde, Katzen oder auch Kaninchen und alle Arbeitstiere wie Pferde, Rinder oder Kamele gehören zu den Säugern. Zoologisch gesehen ist auch der Mensch ein Säugetier. Alle Säugetiere sind gleichwarm oder warmblütig und haben eine konstante Körpertemperatur, wie warm oder kalt die Jahreszeit auch sein mag. Der Zoologe unterscheidet fast 4000 Säugerarten – die allermeisten haben ein Fell. Mit Ausnahme des Schnabeltiers und des Ameisenigels bringen alle Säugetiere lebende Junge auf die Welt. Die Jungen saugen Milch aus den Zitzen der Mutter – daher ihr Name. Die Säugetiere sind wie die Vögel aus den Reptilien entstanden. Zusammen mit den Fischen und den Amphibien bilden sie die Gruppe der Wirbeltiere, die alle eine Wirbelsäule haben.

Riechen und Hören

Das afrikanische Erdferkel hat eine lange Nase und große Ohren. Wie die meisten Säuger riecht und hört es sehr gut.

Drohgebärden
Wie viele andere Säuger leben die Wölfe in geordneten Gruppen. Dieser Wolf fletscht seine Zähne und zeigt damit, dass er wütend ist.

SÄUGETIERGRUPPEN

Man unterteilt die Säugetiere in drei Gruppen: die Kloakentiere, die Beuteltiere und die Plazentatiere. Die Kloakentiere, zu denen das Schnabeltier gehört, haben mit den Reptilienvorfahren viel gemeinsam. Sie besitzen nur eine einzige Körperöffnung, die Kloake, für Ausscheidung und Fortpflanzung und sie legen Eier. Beuteltiere wie die Kängurus gebären wenig entwickelte Junge, die noch eine Zeit lang in der Bauchtasche der Mutter heranwachsen. Plazentatiere wie die Buschbabys hingegen ernähren ihre Jungen bis zur Geburt in ihrem Körper über die Plazenta, den Mutterkuchen. Die Jungen kommen bereits vollständig entwickelt auf die Welt.

Schnabeltier

Känguru

Buschbaby

SCHON GEWUSST?

Je kleiner ein Säugetier ist, umso schneller schlägt sein Herz. Bei der Spitzmaus schlägt es 200-mal in der Minute, beim Menschen 64-mal, beim Elefanten nur noch 24-mal.

Lebensformen

Eine besondere Nase
Der eigentümliche Sternmull aus Nordamerika gräbt wie unser Maulwurf Gänge in den Boden. Seine Beutetiere, Würmer und Insekten, findet er mit seiner sternförmigen Nase.

Säugetiere gehören zu den erfolgreichsten Tieren der Erde. Weil sie gleichwarm sind, können sie in fast allen Lebensräumen existieren. Dabei ist ihre Körperform der jeweiligen Lebensweise sehr gut angepasst. Es gibt Säugetiere im tropischen Regenwald, in Heißwüsten und im Hochgebirge. Erstaunlich viele Arten leben auch in den Polargebieten. Die Säugetiere haben die Erde, das Meer und die Luft erobert, sie sind auf Bäume gestiegen und haben sich tief in den Boden gewühlt. Sie haben sich erfolgreich angepasst, als ihre ursprünglichen Lebensräume verschwanden und neue entstanden. So lebten etwa die Vorfahren der heutigen Pferde zuerst in den Wäldern, waren ungefähr fuchsgroß und hielten sich im Unterholz auf. Als die Wälder dann den Savannen wichen, wurden die Urpferde viel größer und kräftiger. Sie fraßen nun nicht mehr das Laub der Bäume, sondern Gräser. Auf der Suche nach Futter legten sie weite Strecken zurück und waren so schnell, dass sie fast allen Räubern entkamen.

Perfekter Schutz
Das Kugelgürteltier geht nachts auf Nahrungssuche. Wird es von einem Räuber bedroht, etwa einem Puma, rollt es sich zu einer Kugel zusammen. Seine hornige Haut dient ihm dabei als Panzer.

Graukopf-Flughund (Männchen/Weibchen)
Länge: 28 cm
Flügelspannweite: 80 cm
Gewicht: 800 g

Gorilla (Männchen)
Höhe (auf allen vieren): 1,60 m
Gewicht: 170 kg

Mensch (Frau)
Höhe: 1,60 m
Gewicht: 50 kg

Klammeraffe (Weibchen)
Höhe: 60 cm
Gewicht: 4 kg

Formen und Größen
Die Säugetiere haben als Anpassung an ihre Lebensräume ganz unterschiedliche Körperformen und Größen entwickelt. Die Angaben sind hier Mittelwerte.

Blauwal (Weibchen)
Länge: 29 m
Gewicht: 100 t

Australischer Seelöwe (Männchen)
Länge: 2,10 m; Gewicht: 300 kg

Spießbock (Männchen)
Höhe: 1,20 m
Gewicht: 200 kg

ÄHNLICHKEITEN

Manche Säugetierarten sehen einander täuschend ähnlich, sind aber nicht verwandt und leben in unterschiedlichen Teilen der Erde. Die Zoologen sprechen dabei von Konvergenz. Besonders deutlich wird sie zwischen australischen Beuteltieren und Plazentatieren der übrigen Welt. Der Streifenkletterbeutler hat einen langen, schlanken Finger wie das Fingertier auf Madagaskar. Beide holen damit Insektenlarven aus Gängen im Holz. Die Ameisenigel haben wie die Schuppentiere eine lange Nase, eine lange, klebrige Zunge und keine Zähne. Vergleichbar sind auch die Koalas und die Faultiere. Beide leben auf Bäumen, fressen Blätter und bewegen sich nur sehr langsam.

Fingertier

Streifenkletterbeutler

Ameisenigel

Schuppentier

Koala

Faultier

Gleittiere
Trotz ihres Namens können Flughörnchen nicht richtig fliegen. Sie gleiten nur von Baum zu Baum und spannen dabei zwischen den Vorder- und Hinterbeinen eine Flughaut aus, die wie ein Fallschirm wirkt.

Winterfell
Tiere des hohen Nordens passen sich durch einen Fellwechsel den Jahreszeiten an. Der Eisfuchs ist im Sommer bräunlich gefärbt, bekommt im Winter aber ein ganz weißes Fell.

Giraffe (Männchen)
Höhe: 4,95 m
Gewicht: 1180 kg

Afrikanischer Elefant (Männchen)
Höhe: 3,35 m
Gewicht: 5100 kg

Spitzmaulnashorn (Männchen)
Höhe: 1,50 m
Gewicht: 1300 kg

**Biber
(Männchen/Weibchen)**
Länge: 1 m; Gewicht: 30 kg

Zum Weiterlesen 12–13

Ein säugerähnliches Reptil
Cynognathus, dessen Name „Hundekiefer"
bedeutet, war ein säugerähnliches Reptil
vor 240 Millionen Jahren. Der Kopf mit
den massiven Kiefern maß über 30 cm.

Rekonstruktion
Aus der Form fossiler Knochen können Forscher
ein Tier rekonstruieren. Der Präparator arbeitet
hier an einem Beutellöwen mit dem wissen-
schaftlichen Namen *Thylacoleo*, einem
Fleisch fressenden Verwandten
des Kängurus.

Der langsame Aufstieg

Die ersten Säuger waren etwa handlange, spitzmausähnliche Tiere.
Sie erschienen während der Trias vor ungefähr 220 Millionen Jahren
und waren mit den heutigen Kloakentieren verwandt. Entstanden
sind sie aus säugerähnlichen Reptilien, die schon vor 300 Millionen
Jahren lebten. Während des Juras und der Kreidezeit, also vor 200
bis 65 Millionen Jahren, spalteten sich diese ersten Säuger in verschiedene Gruppen auf und entwickelten sich weiter. Die meisten
dieser Formen waren Fleischfresser wie die Reptilien, doch es gab
auch schon einige Pflanzenfresser mit höckrigen, breiten
Backenzähnen. Die Vorfahren der heutigen Beuteltiere,
Insektenfresser und Affen traten erstmals in der
Kreidezeit auf. Damals herrschten aber die Dinosaurier auf der Erde, sodass sich die Säuger nicht
richtig ausbreiten konnten. Erst nachdem die
Dinosaurier vor 65 Millionen Jahren ausgestorben waren, begann die Blütezeit der Säugetiere.

SCHON GEWUSST?

Kamelartige Tiere kommen heute nur in Afrika,
Asien und Südamerika vor. Sie entwickelten
sich allerdings in Nordamerika. Dort starben
sie aber vor ungefähr 12 000 Jahren aus.

Ein Vorfahr der Säuger
Das säugerähnliche Reptil *Dimetrodon* hatte ein großes
Rückensegel, das es wahrscheinlich für die Temperatur-
regelung verwendete. Diese Reptilien entwickelten sich
nach und nach zu den Säugetieren weiter.

Der erste Säuger
Megazostrodon, das vor rund 220 Millionen Jahren
in Afrika lebte, ist das älteste bekannte Säugetier. Es
war nur 12 cm lang, fraß Insekten
und legte wahrscheinlich Eier
wie das Schnabeltier.

AHNEN DES MENSCHEN

Das erste menschenähnliche Wesen war der
Australopithecus afarensis, der vor rund drei
Millionen Jahren in Afrika lebte. Zuerst hatte
man von diesem rund 1,20 m großen Früh-
menschen nur Fußabdrücke in vulkanischer
Asche gefunden. Forscher entdeckten 1974
das ziemlich vollständige Skelett eines *Australopithecus* in Äthiopien.

Gemeinsame Jagd
In den Ebenen Nordafrikas verteidigt ein *Arsinoitherium*-Weibchen sein Junges gegen Raubtiere
der Gattung *Hyaenodon*. Das war vor 40 Millionen
Jahren. Obwohl *Arsinoitherium* so groß wie
ein Nashorn wurde, ist es mit den heutigen,
hasengroßen Klippschliefern verwandt.

Auf der Lauer
Tagsüber sind Hyänen Aasfresser und warten geduldig, bis die Löwen ihre Beute freigeben. Nachts gehen sie jedoch auch selbst auf die Jagd.

Auf Futtersuche

Die Säugetiere haben zahlreiche verschiedene Möglichkeiten entwickelt, um Nahrung zu finden. Einige sind Jäger und andere Aasfresser, die sich von Kadavern ernähren. Nicht wenige unternehmen auf der Nahrungssuche weite Wanderungen, andere horten Futter für den Winter. Unter den Säugern finden wir auch ausgesprochene Spezialisten: Vampirfledermäuse saugen Blut, Erdferkel fressen nur Termiten, Walrosse nur Muscheln. Sehr kleine Säuger können nicht viel Energie speichern und strahlen viel Wärme ab. Deswegen müssen sie ungemein viel fressen. Wenn eine Spitzmaus nicht jeden Tag so viel frisst, wie sie wiegt, verhungert und erfriert sie. Aber auch das größte Säugetier, der Blauwal, nimmt gewaltige Nahrungsmengen auf. Sein Junges wächst jeden Tag um 90 kg! Überdies müssen die Wale auf der Futtersuche lange Strecken im kalten Wasser zurücklegen, was sie sehr viel Energie kostet.

Barten

Krill

Mit dem Sieb
Bartenwale haben bis zu 4 m lange Hornlamellen im Oberkiefer. Mit diesen Barten filtern sie die rund 5 cm langen Garnelen aus dem Meerwasser. Dieser Krill wird ganz geschluckt.

Wanderungen

Viele Pflanzenfresser führen große Wanderungen durch. Im Herbst wandern die Rentiere der Arktis südwärts, weil es dort noch grünes Gras gibt.

Wüstenmahlzeit

Die Giraffengazelle, auch Gerenuk genannt, lebt in Ostafrika. Sie ist so gut an das Leben in Trocken-gebieten angepasst, dass sie nicht trinken muss. Ihr reicht das Wasser aus, das sie mit dem Laub von Dornbüschen und Bäumen aufnimmt.

Vorräte

Eichhörnchen sammeln Nüsse und Samen und verbergen sie in hohlen Bäumen. So haben sie den ganzen Winter über genug zu fressen.

GEMEINSAME JAGD

Viele Fleischfresser wie Delfine, Tümmler und Seelöwen, Hyänen, Wölfe und Löwen arbeiten bei der Futtersuche zusammen. Sie sparen damit Energie und sorgen dafür, dass auch das schwächste Mitglied der Gruppe genügend zu fressen bekommt. Hier belauert ein Rudel afrikanischer Hyänenhunde ein Gnu, das sie von seiner Herde isoliert haben.

Gemeinsamkeit macht stark

Nur wenige Säugetiere sind Einzelgänger; dazu zählen die Braunbären, die Orang-Utans und Koalas. Sie treffen sich nur zur Paarungszeit mit Artgenossen. Die meisten Säuger leben in Gruppen zusammen. Ein solches soziales Leben hat viele Vorteile. Ein Angreifer hat es zum Beispiel sehr schwer, sich ein einzelnes Tier als Beute auszusuchen, weil er dauernd von den anderen Mitgliedern der Gruppe abgelenkt wird und am Schluss überhaupt nichts fängt. Sozial lebende Tiere verwenden einfache Laute, die Körpersprache oder nur Düfte, um sich untereinander zu verständigen. Auf diese Weise zeigen sie auch Empfindungen.

SCHON GEWUSST?

Die afrikanischen Grünmeerkatzen haben viele Feinde. Immer halten einige Tiere Wache und warnen ihre Artgenossen mit Rufen, wenn sie Räuber entdecken.

Zusammenleben
Erdmännchen leben in großen Gruppen zusammen. Das erleichtert die Aufzucht der Jungen und die Verteidigung gegenüber Räubern.

14

Showkämpfe
Blutige Kämpfe sind unter den Säugetieren selten. Männliche Elefantenrobben versuchen sich nur gegenseitig wegzustoßen.

Bekanntschaften schließen
Sozial lebende Tiere verwenden viel Zeit darauf, sich gegenseitig kennen zu lernen. Schließlich müssen sie sich bei der Aufzucht der Jungen aufeinander verlassen.

FAMILIENLEBEN
Die Gibbons kommen in Süd- und Südostasien vor. Sie leben in Familiengruppen und bewegen sich auf der Suche nach Früchten, Blättern, Larven und Insekten durch die Baumkronen. Die Jungen werden bis zum zweiten Lebensjahr gesäugt. Sie bleiben bis zur Geschlechtsreife bei ihrer Familie und helfen bei der Aufzucht jüngerer Geschwister.

Schnabeltier und Ameisenigel

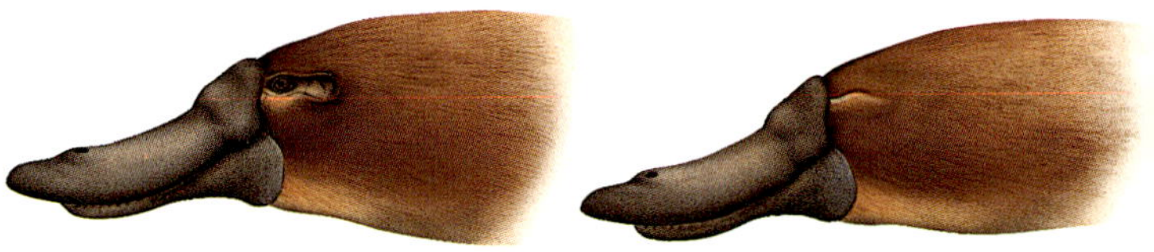

Augen zu
Wenn das Schnabeltier untertaucht, ziehen kräftige Muskeln eine Hautfalte über Augen und Ohren. Unter Wasser findet sich das Tier mit dem hoch empfindlichen Schnabel zurecht.

Das Schnabeltier, der Kurzschnabeligel und der Langschnabeligel gehören zu den Kloakentieren. Ihr Verbreitungsgebiet erstreckt sich über Australien und Neuguinea. Es sind sehr urtümliche Säuger mit vielen Reptilienmerkmalen, etwa der Kloake, einer gemeinsamen Körperöffnung für die Ausscheidung und die Eiablage. Doch auch sie füttern ihre Jungen mit Milch, die an bestimmten Hautstellen austritt. Die Kloakentiere haben eine niedrigere Körpertemperatur als die übrigen Säuger und die Ameisenigel halten Winterschlaf. Die Männchen tragen an jedem Hinterbein einen langen Sporn. Bei den Schnabeltieren ist er mit einer Giftdrüse verbunden und wird bei Zweikämpfen eingesetzt. Das Schnabeltier ernährt sich von Krebsen und anderen wirbellosen Tieren. Seine Beute spürt es mit dem hoch empfindlichen Schnabel auf.

Hamsterbacken
Schnabeltiere speichern ihre Beute in Backentaschen und fressen sie, wenn sie an der Wasseroberfläche schwimmen. Da sie keine Zähne haben, zerdrücken sie die Nahrung mit der Zunge.

Wasserdicht
Beim Tauchen hält das Schnabeltier Augen und Ohren fest geschlossen.

Schwimmhäute
Schnabeltiere schwimmen nur mit den kräftigen Vorderbeinen.

Im Wasser
Das Schnabeltier fängt kleinere Tiere in Bächen. Es hat Schwimmhäute und ein wasserdichtes Fell, das nahe an der Haut eine isolierende Luftschicht festhält.

Grabwerkzeug
An Land zieht das Schnabeltier seine Schwimmhäute zurück. Es kann so mit den Vorderbeinen gut gehen und graben.

EINE ERSTAUNLICHE MISCHUNG

Als 1798 der erste Balg eines Schnabeltiers nach England kam, glaubten viele Zoologen, es sei eine Fälschung aus verschiedenen Teilen. Man hielt es für unmöglich, dass ein Tier den Schnabel einer Ente, den Körper eines Otters und den Schwanz eines Bibers besitzen könnte.

Eine klebrige Zunge

Die Zunge des Kurzschnabeligels ist viermal so lang wie die Schnauze und mit klebrigem Schleim bedeckt. Die Tiere nehmen damit jeden Tag tausende von Ameisen, Termiten und anderen Insekten auf.

Krallen zum Graben

Dem Ameisenigel gelingt es, mit seinen kräftigen kurzen Vorderbeinen und den dicken Krallen selbst die betonharten Nester von Termiten aufzubrechen.

Stachelkleid

Dem Ameisenigel wachsen mitten im Fell lange, scharfe Stacheln, die er als Schutz gegen Angreifer aufstellen kann.

Giftsporn

Männchen setzen den Giftsporn am Hinterbein im Zweikampf ein.

Verteidigung

Werden Ameisenigel angegriffen, graben sie sich sofort in den weichen Boden ein, bis nur noch die Stacheln herausschauen.

Nächtlicher Wanderer

Langschnabeligel sind nachts unterwegs und haben große Territorien. Immer wieder spießen sie mit ihren Widerhaken an der Zungenspitze Würmer vom Boden auf.

Beuteltiere

Es gibt ungefähr 280 Arten von Beuteltieren. 75 davon gehören zu den Beutelratten oder Opossums, die in ganz Amerika vorkommen. Die übrigen Arten sind äußerst vielgestaltig und leben nur in Australien, auf Neuguinea und den benachbarten Inseln. Ihre Körperlänge schwankt von den mausgroßen Honigbeutlern, die Pollen und Blütennektar fressen, bis zu den mannshohen Kängurus, die sich von Gräsern und anderen Pflanzen ernähren. Beuteltiere trifft man in allen Lebensräumen, von der Wüste bis zum tropischen Regenwald. Sie leben auf dem Boden, graben sich in die Erde ein oder halten sich auf Bäumen auf. Sie können klettern, gleiten, laufen, hüpfen und schwimmen, sie fressen Pflanzen, Insekten, Fleisch oder Aas. Ihre Jungen werden in einem sehr frühen Stadium geboren und kriechen von der Geburtsöffnung in den Brutbeutel der Mutter. Dort saugen sie sich an den Zitzen fest. Viele halten sich monatelang im Beutel auf, bis sie schließlich herangewachsen sind.

Ein sicheres Plätzchen
Neugeborene Kängurus verbringen mehrere Monate im Beutel ihrer Mutter. Dort saugen sie Milch und fühlen sich geschützt.

Huckepack
Das Koalababy bleibt fünf bis sechs Monate im Beutel der Mutter, danach wird es auf dem Rücken getragen.

SCHON GEWUSST?

Die amerikanischen Beutelratten oder Opossums stellen sich tot, wenn ein Räuber sie ernsthaft bedroht. Diese Taktik scheint zu funktionieren: Die meisten Räuber lassen von einem solchen Tier ab, weil sie nur selbst erlegte Beute und keine toten Tiere fressen.

Auf Beutelsuche
Ein neugeborenes Känguru ist nicht größer als eine Erdnuss. Es muss seinen Weg von der Geburtsöffnung bis zum Beutel selbst finden. Dort wächst es die nächsten fünf bis elf Monate heran und wird schließlich selbstständig.

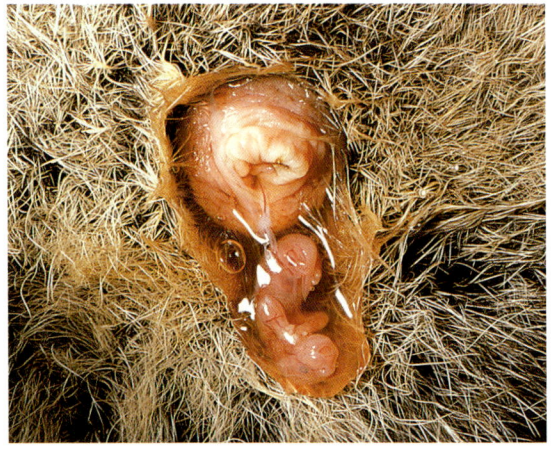

Boxkämpfe
Die meisten der 59 Känguru-arten, zu denen auch die Wallabys zählen, leben in Familiengruppen. Zur Paarungszeit brechen Kämpfe zwischen den Männchen aus. Diese liefern sich regelrechte Boxkämpfe und nehmen dabei auch die Hinterbeine zu Hilfe.

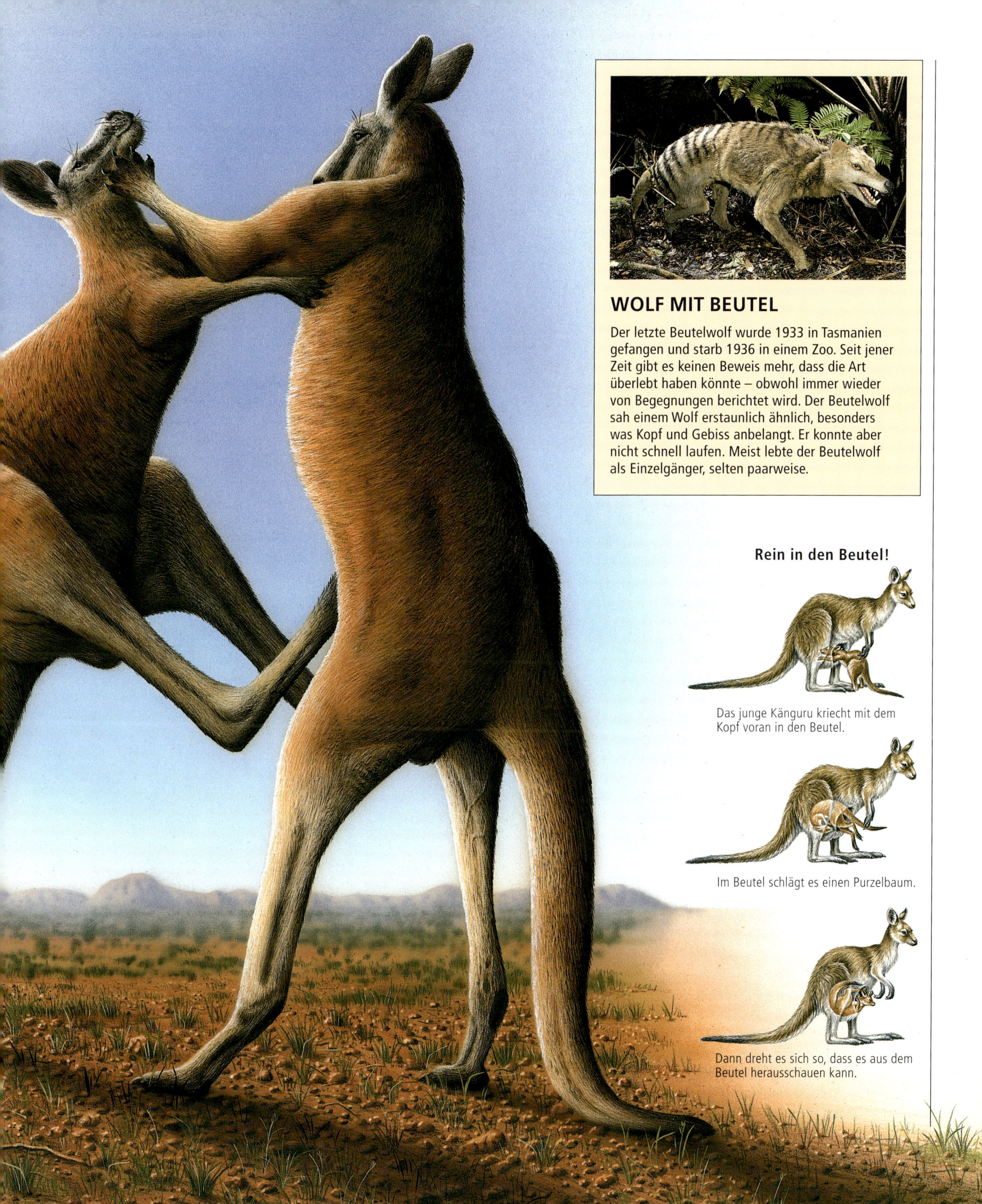

WOLF MIT BEUTEL

Der letzte Beutelwolf wurde 1933 in Tasmanien gefangen und starb 1936 in einem Zoo. Seit jener Zeit gibt es keinen Beweis mehr, dass die Art überlebt haben könnte – obwohl immer wieder von Begegnungen berichtet wird. Der Beutelwolf sah einem Wolf erstaunlich ähnlich, besonders was Kopf und Gebiss anbelangt. Er konnte aber nicht schnell laufen. Meist lebte der Beutelwolf als Einzelgänger, selten paarweise.

Rein in den Beutel!

Das junge Känguru kriecht mit dem Kopf voran in den Beutel.

Im Beutel schlägt es einen Purzelbaum.

Dann dreht es sich so, dass es aus dem Beutel herausschauen kann.

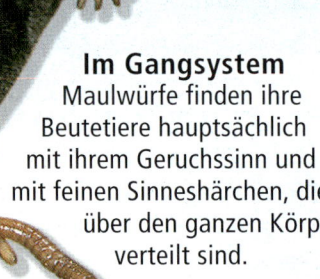

Im Gangsystem
Maulwürfe finden ihre Beutetiere hauptsächlich mit ihrem Geruchssinn und mit feinen Sinneshärchen, die über den ganzen Körper verteilt sind.

Ein feines Näschen

Es gibt fast 4000 Säugetierarten und über die Hälfte davon frisst gern Insekten. Eine Säugerordnung, die Insektenfresser, heißen sogar nach ihren Beutetieren. Das ändert aber nichts daran, dass sich einige von ihnen auch an Frösche, Echsen und Mäuse wagen. Die 365 Arten von Insektenfressern umfassen die Spitzmäuse, die Igel und die Maulwürfe. Fast alle Insektenfresser sind Einzelgänger und nur in der Nacht aktiv. Sie bewegen sich sehr flink und riechen weitaus besser als sie sehen. Ein Kennzeichen dieser Tiere ist die lange, schmale Schnauze. Ihre Beute halten sie mit bis zu 44 nadelspitzen Zähnen fest. Mit sehr viel weniger Zähnen kommen die Zahnarmen aus. Unter diesem Kunstnamen fassen die Zoologen die Ameisenbären, die Gürteltiere und die Faultiere zusammen. Die Ameisenbären besitzen überhaupt keine Zähne mehr.

Ein zarter Rüssel
Der Pyrenäendesman ist ein Maulwurf, sieht aber wie eine Spitzmaus aus. Er jagt unter Wasser und sucht mit seinem Rüssel Insekten unter den Steinen.

Ein ausdauernder Wühler
Unser Maulwurf jagt Würmer und Insekten, die in sein ausgedehntes Tunnelsystem gelangen. Er frisst keine Pflanzenwurzeln.

Ein Stachelpanzer
Der nachtaktive Algerische Igel ist durch sein Stachelkleid geschützt. Er hat eine kurze, zugespitzte Schnauze mit vielen Sinnesborsten und frisst alles, von Insekten bis zu Pilzen.

Faul herumhängen
Das südamerikanische Riesenfaultier, das 6 m lang wurde, starb in den letzten 10 000 Jahren aus. Fünf kleinere verwandte Arten leben heute noch auf Bäumen und fressen Blätter. Am größten ist das Dreizehenfaultier (oben), das 67 cm lang wird.

GIFTIGE SÄUGETIERE

Einige wenige Insektenfresser haben Giftdrüsen, die sich in den Mund öffnen. Die Kurzschwanz-Spitzmaus aus Nordamerika und die Schlitzrüssler auf Kuba und Haiti überwältigen mit ihrem giftigen Speichel Beutetiere, die größer sind als sie selbst. Sie beißen zu und spritzen dabei Speichel in die Wunde. Für Menschen ist das Gift nicht tödlich, wenn auch sehr schmerzhaft. Eine Giftdrüse haben auch die männlichen Schnabeltiere. Die Zoologen vermuten, dass die Tiere ihr Gift bei Zweikämpfen um die Weibchen einsetzen.

Schlitzrüssler

Kurzschwanz-Spitzmaus

Staubsauger mit Fell

In Südamerika gibt es vier Arten von Ameisenbären. Drei davon sind klein, leben auf Bäumen und haben einen Greifschwanz. Der große Ameisenbär wird bis zu 1,85 m lang und bleibt stets auf dem Boden. Die Mütter tragen ihre Jungen mehrere Monate lang auf dem Rücken herum.

Vampire
Die Vampirfledermäuse, die nur in Amerika vorkommen, haben rasiermesserscharfe Schneidezähne. Sie öffnen die Haut ihres Opfers und trinken deren Blut. Ihr Speichel verhindert, dass das Blut gerinnt.

Fledermausgesichter
Einige Fledermäuse haben sehr lange Ohren und merkwürdige Hautgebilde an der Nase. Sie dienen der Echopeilung.

Langohr

Gelbohr

Kleine Nacktrückenfledermaus

Im Reich der Vampire

Vor 50 Millionen Jahren ging eine Gruppe von Insektenfressern in die Luft: Sie segelten von Baum zu Baum. Aus diesen Gleitfliegern entwickelten sich die Fledermäuse, die einzigen Säugetiere, die den aktiven Ruderflug beherrschen. Außer in den Polargebieten und auf den höchsten Bergen kommen Fledermäuse überall vor. Sie sind fast nur nachts unterwegs, wenn die meisten fliegenden Räuber und Nahrungskonkurrenten schlafen. Wir unterscheiden etwa 160 Früchte fressende Flughunde mit Flügelspannweiten bis zu 150 cm und etwa 815 Insekten fressende Fledermäuse, von denen einige auch Kleinsäuger, Frösche, Fische und Vögel jagen. Die meisten Fledermäuse fangen ihre Beute im Flug mit Hilfe der Echopeilung.

Vegetarier
Die meisten Flughunde fressen Früchte oder besuchen Blüten und bestäuben sie dabei. Einige Arten können wie Kolibris in der Luft stehen bleiben.

Schlafkolonien
Die Familie der Bulldog-Fledermäuse umfasst 80 Arten und ist weltweit verbreitet. Man erkennt sie an den Schwänzen, die aus der Flughaut herausragen. Die Bulldog-Fledermäuse verbringen den Tag in Grotten oder hohlen Bäumen.

ECHOPEILUNG

Die meisten Fledermäuse finden sich mit Hilfe der Echopeilung zurecht. Im Prinzip funktioniert diese wie das Radar. Die Fledermaus stößt hohe Ultraschallschreie aus und fängt die Echos auf, die von Hindernissen oder Beutetieren zurückgeworfen werden. Anhand dieser Echos kann die Fledermaus exakt feststellen, um welches Beutetier es sich handelt und mit welcher Geschwindigkeit es in welche Richtung fliegt. Einige Arten können mit den Echos von Kräuselwellen sogar Fische fangen.

Fledermaus
Sie stößt sehr hohe, spitze Schreie aus.

Motte
Sie wirft die Ultraschallschreie zurück.

Hände und Füße

Eines der wichtigsten Merkmale der Primaten ist der Daumen, den sie den übrigen Fingern gegenüberstellen können.

Indri, Fuß **Indri, Hand**

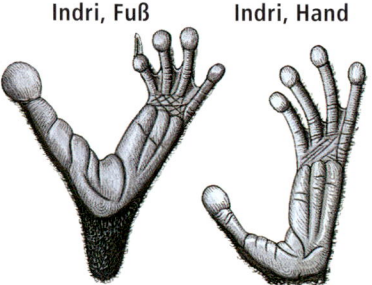

Der Indri, ein Halbaffe, lebt überwiegend auf Bäumen. Seine Hände und Füße sind an das Klettern angepasst.

Fingertier, Fuß **Fingertier, Hand**

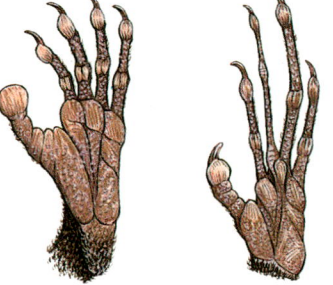

Das Fingertier, der Aye-Aye, ist ein Halbaffe. Mit seinen sehr schlanken Fingern holt es Insektenlarven aus dem Holz.

Gorilla, Fuß **Gorilla, Hand**

Gorillas haben flache Füße, die das Körpergewicht tragen. Mit den Händen greifen sie Blätter, Rinden und Früchte.

Riesennase

Der südostasiatische Nasenaffe hat eine sehr große Nase, die er beim Fressen beiseite schieben muss. Er lebt vor allem von Blättern und Früchten der Mangroven.

Herrentiere

Die Affen, die man auch Primaten oder Herrentiere nennt, teilt man in zwei Gruppen ein. Zu den Halbaffen gehören die Lemuren, die Buschbabys, die Loris und die Koboldmakis. Die eigentlichen Affen umfassen zum Beispiel Hundsaffen wie Paviane und Meerkatzen, die Klammeraffen und Krallenaffen, die Menschenaffen und andere Gruppen. Die Zoologen zählen auch den Menschen zu diesen Herrentieren. Affen kommen in Afrika, Asien und Südamerika vor. In Europa lebt nur auf dem Felsen von Gibraltar eine Horde von Magots oder Berberaffen. Die meisten Affen bewohnen die tropischen Gebiete, wo sie auf Bäumen das ganze Jahr über reichlich Nahrung finden. Einige Arten in trockeneren Gebieten halten sich vorwiegend auf dem Boden auf. Die Halbaffen zeigen noch viele Gemeinsamkeiten mit ihren Insekten fressenden Vorfahren. Die höheren Affen haben ein großes Gehirn und sind sehr intelligent.

Ganz Auge und Ohr

Die Koboldmakis leben in den Regenwäldern Südostasiens. Sie haben große Ohren und Augen und springen auf der Jagd nach Insekten, Echsen und kleinen Vögeln von Ast zu Ast. Koboldmakis fressen aber auch Früchte und Blätter.

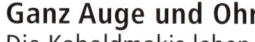

In den Baumkronen
Die südamerikanischen Lisztäffchen bilden Familiengruppen und verbringen den größten Teil ihres Lebens in den Baumkronen des Regenwalds. Dort fressen sie Früchte, Blätter und Insekten.

AFFEN UNTER SICH

Affengesellschaften sind sehr unterschiedlich. Einige wenige Arten wie die Orang-Utans sind Einzelgänger. Die Paviane, die Brüllaffen und die Schimpansen leben in großen Horden mit bis zu 40 Mitgliedern. Männliche Gorillas halten sich einen Harem von mehreren Weibchen. Die Gibbons, hoch entwickelte Menschenaffen in Südostasien, führen eine lebenslange Ehe. Die beiden Weißhandgibbons oder Laren (Bild) sind auf Nahrungssuche in ihrem Territorium. Sie markieren es jeden Morgen neu mit Geheul und Geschrei und warnen so andere Gibbons, hier einzudringen.

Lemurenpatrouille
Diese Familiengruppe der Kattas sucht auf dem Waldboden Früchte und Insekten. Ihre auffälligen Schwänze schwenkt sie dabei wie Fahnen. Die Kattas sind wie andere Lemuren auch sehr sozial und betreiben ausgiebige Körperpflege. Die zweite Zehe hat eine besondere Kralle für die Reinigung der Ohren. Für die gegenseitige Fellpflege verwenden sie die Schneidezähne des Unterkiefers.

Auf der Flucht
Bei Gefahr können die Sifakas kurze Strecken aufrecht laufen, wobei sie ihre Arme über den Kopf halten. So schnell wie möglich klettern sie jedoch auf Bäume.

Gespenster auf Madagaskar

Die Lemuren sind ganz ungewöhnliche, primitive Affen. Ihre Gesichter gleichen denen von Gespenstern und die Tiere schreien nachts unheimlich. Deshalb leitet sich ihr Name auch vom lateinischen Wort für die Totengeister ab. Die Lemuren lebten einst in ganz Afrika, Europa und Nordamerika, starben aber dort überall aus. Nur auf der Insel Madagaskar konnten sie sich halten und hier gibt es heute noch über zwanzig Arten. Der kleinste Lemur ist der 30 cm lange Mausmaki mit einem langen Schwanz, der größte ist der fast 1 m lange Indri, der einen überraschend kurzen Schwanz hat. Die meisten Arten leben in den feuchten Waldgebieten Ostmadagaskars und fressen Früchte, Blätter, Insekten und kleine Reptilien. Fast alle Lemuren sind nachts aktiv und bilden Gruppen von bis zu zwei Dutzend Tieren. Leider sind all diese schönen Halbaffen vom Aussterben bedroht.

Ein guter Kletterer
Der fast schwanzlose Indri ernährt sich von Früchten und Blättern. Auf dem Boden muss er sich hüpfend vorwärts bewegen, weil seine Hinterbeine viel länger sind als die Vorderbeine.

AYE-AYE

Der Aye-Aye, auch Fingertier genannt, ist ein scheuer, nachtaktiver Einzelgänger. Er kommt nur auf Madagaskar vor und ist berüchtigt für seinen unangenehmen Geruch. Das Fingertier frisst vor allem Holz bewohnende Larven von Insekten. Es hört deren Bewegung im Holz, beißt die Rinde ab und holt die Larven mit dem dünnen Mittelfinger aus dem Gang. Mit diesem Finger bohrt es auch das saftige Fleisch aus den Früchten.

Sicherer Ritt
Die südamerikanischen Klammeraffen setzen ihren Greifschwanz beim Klettern als fünfte Gliedmaße ein. Schon die Babys halten sich mit dem Schwanz auf dem Rücken ihrer Mutter fest.

Alte und Neue Welt

Altweltaffen
Die Affen aus Afrika und Asien haben schmale Nasen mit nach vorn gerichteten Nasenlöchern.

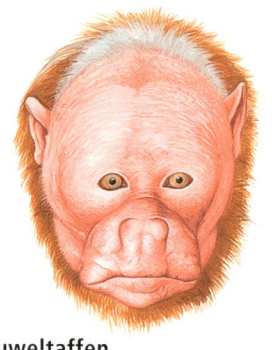

Neuweltaffen
Die Affen aus Mittel- und Südamerika haben abgeflachte Nasen mit seitwärts gerichteten Nasenlöchern.

Echte Affen

Vor ungefähr 50 Millionen Jahren begannen sich die Affen auf Kosten der Halbaffen und Lemuren auszubreiten. Heute unterscheidet man zwei Gruppen: die Altweltaffen oder Schmalnasen in Afrika und Asien, die Neuweltaffen oder Breitnasen in Mittel- und Südamerika. Zu den ungefähr 80 Altweltaffen zählen die Hundsaffen mit den Meerkatzen und deren Verwandten sowie die kleinen und großen Menschenaffen. Die Affen der Alten Welt haben keine Greifschwänze und gehen auf allen vieren. Viele verbringen einen Großteil der Zeit auf dem Boden. Sie fressen Pflanzen, Insekten und kleinere Tiere. Zu den rund 60 Arten der Neuweltaffen gehören die Klammeraffen wie Brüll- und Wollaffen, die Kapuzineraffen, die Nachtaffen, die Krallenäffchen und andere. Die meisten Neuweltaffen sind Pflanzenfresser und leben ständig auf Bäumen. Mit Ausnahme der Kurzschwanzaffen haben sie alle einen kräftigen Greifschwanz.

Affenliebe
Languren zählen zu den südasiatischen Schlankaffen. Sie leben in Familien aus 15 bis 25 Tieren. Die Jungen werden von den Müttern gepflegt und von den übrigen Gruppenmitgliedern bis zum Alter von zwei Jahren beschützt.

Vorsicht!
Die afrikanischen Mandrills sind die buntesten Affen. Die Männchen haben eine rote Nase, einen gelben Bart und ein rotblaues Gesäß. Wenn sie wütend sind, drohen sie aggressiv mit ihren langen Eckzähnen.

28

DIE DSCHELADAS

Die ostafrikanischen Dscheladas leben in Familien, die von einem Männchen dominiert werden, und bilden Gruppen mit bis zu 400 Tieren. Die Horde zieht auf der Suche nach Gräsern, Wurzeln, Samen und Insekten durch das Gebirge. Die mit dem Mandrill und den Pavianen verwandten Dscheladas verwenden Signale zur Verständigung. Die Männchen zeigen zwei rote Hautflecken auf der Brust, mit denen sie Weibchen anlocken und Rivalen warnen.

Ein Affe im Schnee

Die meisten Affen leben in den tropischen Gebieten. Der Rotgesichtmakak jedoch hält sich im Gebirge von Honshu, der Hauptinsel Japans, auf. Die Berge sind dort über ein halbes Jahr lang von Schnee bedeckt.

Zum Weiterlesen 24–25

Menschenaffen

Die höchstentwickelten Primaten sind die Menschenaffen. Wir unterscheiden vier große Arten: den Orang-Utan, den Gorilla und zwei Schimpansenarten. Viele zählen die Gibbons noch zu den kleinen Menschenaffen. Alle Menschenaffen haben flache Fingernägel und einen Daumen, der – ähnlich wie bei einer Menschenhand – den übrigen Fingern gegenübergestellt werden kann. Die Orang-Utans von Sumatra und Borneo leben meist als Einzelgänger. Sie klettern auf Bäume und fressen Früchte, Blätter und gelegentlich auch kleine Tiere oder Eier. Die Schimpansen und Gorillas kommen nur in Afrika vor. Tagsüber halten sie sich meist auf dem Boden auf und gehen auf allen vieren, wobei sie sich mit den Fingerknöcheln abstützen. Schimpansen ernähren sich von Früchten, Blättern und Vogeleiern, fressen aber auch gern kleinere Affenarten. Die Gorillas sehen zwar Furcht erregend aus, sind aber friedliche Vegetarier. Jeden Abend bauen sie sich ein Schlafnest auf einem Baum.

Werkzeuggebrauch
Vor allem die Schimpansen verwenden Werkzeuge. So stochern sie zum Beispiel mit Stöckchen Termiten aus ihren Nestern.

Der Familienboss
Jede Gorillafamilie wird von einem großen Männchen, einem Silberrücken, angeführt. Kommt ihm jemand zu nahe, so richtet es sich zu voller Höhe auf, brüllt und schlägt mit den Fäusten auf die geblähte Brust.

Friedliche Einzelgänger
Die Männchen der Orang-Utans werden mit 1,70 m fast doppelt so groß wie die Weibchen. Sie haben breite, flache Gesichter mit Backenwülsten.

Hangeln von Baum zu Baum
Die Gibbons in Asien zählen manche zu den kleinen Menschenaffen. Es gibt neun Arten. Sie leben in Familiengruppen und sind Vegetarier.

AFFENSPRACHE

Schimpansen können keine Laute wie der Mensch erzeugen. Einige Forscher haben deswegen versucht, sich mit den Schimpansen mittels besonderer Symbole zu unterhalten. Inwieweit sie ein Verständnis für unsere menschliche Sprache anhand solcher Symbole entwickeln können, weiß man bis jetzt aber noch nicht genau. Jedenfalls kann ein Schimpanse seinen menschlichen Freund zum Spiel auffordern, indem er zum Beispiel das Symbol für „Hinterherjagen" berührt und danach selbst wegläuft.

Raubtiere

Eine große Säugetiergruppe, die Raubtiere, hat sich an die Jagd und die Ernährung mit Fleisch angepasst. Zoologen unterscheiden bei den Raubtieren, die über die ganze Welt verbreitet sind, sieben Familien: die Hundeartigen, zu denen die Bären gehören; die Kleinbären wie Waschbär und Nasenbär; die Marder mit Dachs, Otter und anderen; die Schleichkatzen mit den Mungos; die Hyänen; die Katzenartigen und die Robben. Alle diese Raubtiere haben zwei Paar scharfkantige Reißzähne. Viele Raubtiere sind aber nicht nur auf Fleischkost angewiesen. Bären sind Allesfresser und nehmen mehr Pflanzen als Fleisch zu sich. Ihre Reißzähne sind ziemlich abgerundet zum Zerkleinern von Samen. Manche Raubtiere wie Wölfe oder Löwen gehen in Rudeln auf Jagd, während andere Arten als Einzelgänger ihr Jagdrevier eifersüchtig verteidigen.

Kleiner Panda
Der Kleine Panda oder Katzenbär lebt auf Bäumen. Er frisst Eicheln, Wurzeln, Beeren, aber auch Vogeleier, Vögel und Mäuse.

Kletterkünstler
Die Fossa oder Frettkatze aus Madagaskar wird mit Schwanz bis zu 1,60 m lang. Sie gehört zu den altertümlichen Schleichkatzen. Mit ihren nach vorn gerichteten Augen kann sie die Entfernung genau abschätzen.

Zusammenarbeit
Löwinnen gehen gemeinsam auf Jagd und töten ihre Beute mit einem einzigen Biss in den Hals, sodass diese erstickt. Sie haben kräftige Kiefer und vor den Reißzähnen mächtige Eckzähne.

SCHON GEWUSST?

Die indischen und afrikanischen Mungos oder Ichneumons fressen Echsen und Giftschlangen. Sie bauen langsam eine Immunität gegen Schlangengift auf und können sogar den Biss einer Kobra überleben.

WENIG JAGDGLÜCK

Trotz ihres Rufes als mächtige Jäger haben die meisten großen Raubtiere bei der Jagd mehr Misserfolge als Erfolge. Der Gepard (rechts) ist das schnellste Landtier. Er kann seine Geschwindigkeit von über 100 km/h jedoch nur über kurze Strecken beibehalten. Wenn er die Beute nicht innerhalb von 450 m gegriffen hat, muss er aufgeben und von dem Opfer ablassen. Nur bei jedem zehnten Versuch gelingt es Löwen, ihre Beute zu erlegen, und selbst große Wolfsrudel sind nur bei jedem fünften Angriff erfolgreich.

Ozelot

Hund

Grislibär

Waschbär

Wiesel

Zibetkatze

Tischmanieren
Meerotter fressen
vor allem Seeigel und
Muscheln. Sie öffnen ihre
Beute auf dem Rücken
schwimmend und nehmen
dazu oft einen Stein zu Hilfe.

Hyäne

Zum Weiterlesen 12–13

Warnung und Angriff

Drohender Blick
Diese Langschwanzkatze droht mit ihren weit offenen Augen.

Bereit zum Angriff
Die Katze gibt dem Eindringling eine letzte Chance zum Rückzug. Sie legt die Ohren an, öffnet das Maul und zeigt ihre Zähne.

Unsichtbarer Jäger
Der Tiger folgt seiner Beute lautlos. Plötzlich greift er an, packt das Tier mit den Krallen und verbeißt sich in seinem Nacken. Er tötet es durch einen Biss in den Hals.

SCHON GEWUSST?

Leoparden erlegen sogar junge Giraffen. Sie haben sehr starke Hals- und Rückenmuskeln und ziehen ihre Beute mehrere Meter hoch auf Bäume, wo sie vor Löwen und Hyänen sicher ist.

Katzenartige

Die Familie der Katzenartigen umfasst 36 Arten. Fast die Hälfte davon ist vom Aussterben bedroht und der Mensch ist ihr größter Feind. Die kleinste Raubkatze ist die Ozelotkatze, die nicht einmal so groß ist wie unsere Hauskatze. Am größten wird der Sibirische Tiger mit 2,70 m Rumpflänge. Die meisten Katzenarten fressen ausschließlich Fleisch, leben als Einzelgänger und sind nachts aktiv. Alle jagen sie auf ähnliche Weise: Sie schleichen sich geräuschlos an und gehen dann plötzlich zum Angriff über. Ihre Beute reißen sie zu Boden und töten sie mit einem Biss in den Nacken oder in die Kehle. Mit ihren rasiermesserscharfen Krallen halten sie das Beutetier fest. Wenn Katzen Beute schlagen oder auf Bäume klettern, lassen bestimmte Muskeln der Zehen die scharfen Krallen ausfahren und ziehen sie anschließend wieder zurück in ihre Hauttaschen.

Beim Fischen
Die etwa 1,20 m lange Fisch-
katze kommt in Indien und
Südostasien vor. Mit ihren
breiten Pfoten packt sie
Fische in Bergbächen. Sie
frisst aber auch Krabben
und Vögel und hat sogar
schon Kälber, Hunde und
Schafe gerissen.

LEBEN IM RUDEL

Fast alle Katzen sind Einzelgänger. Löwinnen jedoch
leben gemeinsam in Familiengruppen. Ein solches
Rudel umfasst bis zu 30 Tiere. Die meisten davon sind
Weibchen (bis zu drei Generationen) mit ihren Jungen.
Häufig sind auch zwei dominierende Männchen im
Rudel, normalerweise Brüder. Junge Männchen leben
als Einzelgänger, bis sie kräftig genug geworden sind,
um den Besitzer eines Rudels herauszufordern.

Hundeartige

Die Hundeartigen ähneln in ihrer Lebensweise und einigen anatomischen Merkmalen immer noch den Raubtiervorfahren von vor 40 Millionen Jahren. Viele von ihnen sind sehr anpassungsfähig und können ohne weiteres neue Lebensräume und Nahrungsquellen nutzen. Deshalb ist diese Raubtiergruppe weltweit verbreitet. Sie umfasst 35 Arten, von denen 27 kleine, einzeln lebende Füchse sind. Die restlichen Arten sind sozial lebende Hunde, die in Rudeln jagen. Alle hundeartigen Raubtiere haben scharfe Augen und Ohren sowie einen sehr guten Geruchssinn. Sie besitzen kräftige, zugespitzte Eckzähne und scherenartige Reißzähne zum Zerschneiden von Fleisch, von dem sie sich fast ausschließlich ernähren. Manche geben sich mit kleineren Beutetieren zufrieden und fressen auch Insekten, Schnecken und Früchte. Die meisten dieser Räuber leben in offenen Grasgebieten.

Jäger und Gejagte
Dingos sind australische Wildhunde. Man findet sie im ganzen Land. Sie fressen alles Mögliche, vom Grashüpfer bis zum großen Waren.

Wüstenfuchs
Der Fennek oder Wüstenfuchs hat sich an das Leben in der Wüste angepasst. Mit seinen großen Ohren kann er überschüssige Wärme abstrahlen. Gleichzeitig dienen sie ihm bei der nächtlichen Jagd auf Kleintiere als Schalltrichter.

SCHON GEWUSST?
Alle Hundeartigen kümmern sich liebevoll um ihre Jungen. Das gilt besonders für die Hyänenhunde, deren Junge von allen Mitgliedern der Gruppe Futter bekommen.

Auf der Pirsch

Wölfe sind intelligente Jäger, die ein Wild im Rudel hetzen und es dabei ermüden. Untereinander verständigen sie sich durch Körpersprache, durch Gesichtsmimik und Laute. Das Heulen eines Wolfsrudels kann man fast 10 km weit hören. Das Rudel teilt dabei anderen Rudeln seinen Standort mit.

SCHLAU WIE EIN FUCHS

Füchse gelten als schlau, weil sie schnell lernen und sich neuen Gegebenheiten anpassen können. Als scheue, wachsame Räuber kann man sie nur unter großen Schwierigkeiten beobachten oder fangen. Sie jagen nachts und halten sich tagsüber im Bau oder hohlen Bäumen auf. Die Füchse haben es auch gelernt, mitten in unseren Städten zu überleben. Sie plündern dort gern die Mülltonnen.

Koyotengesichter

Wie die übrigen Hundeartigen verständigen sich die Koyoten auch mit Hilfe des Gesichtsausdrucks. Wenn es ernst wird, blecken sie die Zähne.

Friedlich

Unterwürfig

Verspielt

Angriffslustig

Verteidigungsbereit

Leckermaul
Der Malaienbär von Burma, Sumatra und Borneo ist mit 1 m Länge die kleinste Bärenart. Er liebt den Honig, den er mit seiner langen Zunge aus den Bienenstöcken leckt.

Ein leichter Fang
Braunbären und Grislis lauern an Wasserfällen in Nordamerika auf Lachse, die stromaufwärts wandern, um ihre Eier abzulegen. Besonders geschickte Bären fangen die Fische mit dem Maul.

Bären

Vor rund 40 Millionen Jahren entwickelten sich in Europa die Bären. Von hier breiteten sie sich nach Nord- und Südamerika, nach Asien und Afrika aus. In Afrika kommen sie heute allerdings nicht mehr vor. Es gibt nur noch acht Arten. Dazu zählt der Eisbär, der über 2 m lang und bis zu 500 kg schwer wird. Noch etwas schwerer wird der nordamerikanische Grisli, ein Verwandter unseres Braunbären. Bären sind Allesfresser. Nur die Eisbären leben fast ausschließlich von Robben und Fischen, gelegentlich reißen sie auch ein Rentier. Die Bären in nördlichen Gebieten halten keinen echten Winterschlaf, sondern ziehen sich für längere Zeit in ihre Baue zurück. Dort gebären die Weibchen auch ihre Jungen. Die tropischen Bärenarten, wie der südamerikanische Brillenbär, der asiatische Kragenbär und der Malaienbär, sind viel kleiner als ihre Verwandten, die in nördlichen Breiten leben.

Das Jahr des Eisbären

Winter
Die Weibchen gebären in den Höhlen ihre Jungen. Die Männchen wandern das Packeis entlang.

Frühling
Die Jungen verlassen die Schneehöhle und lernen zu jagen. Die Mütter schützen sie vor den hungrigen Männchen.

Herbst
Die Bären fressen Seehunde und speichern Fett für den Winter. Die trächtigen Weibchen graben Höhlen im Schnee.

Sommer
Jetzt ist Paarungszeit. Eisbären können gut schwimmen und legen auf der Suche nach neuen Jagdgründen oft weite Strecken zurück.

SCHON GEWUSST?

Der Kragenbär lebt im Osten Asiens und frisst fast ausschließlich Pflanzen, aber auch Termiten. Mit seinen beweglichen Lippen formt er eine Röhre und saugt durch die auseinander stehenden Schneidezähne die Termiten aus den Nestern ein.

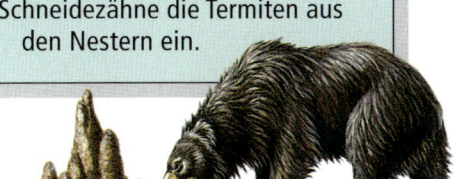

GROSSER PANDA

Bis ins 19. Jahrhundert hinein waren die Großen Pandas außerhalb Chinas unbekannt. Noch heute sind es geheimnisvolle Tiere. Sie zählen zwar zu den Raubtieren, fressen aber ausschließlich die Triebe und Blätter von Bambus. Da Bambus nur einen geringen Nährwert hat, müssen sie ungeheure Mengen davon vertilgen und sind zwölf und mehr Stunden damit beschäftigt. Die Pandas haben eine Art zweiten Daumen an den Vorderbeinen, mit denen sie die Bambusstängel festhalten und die Blätter abstreifen.

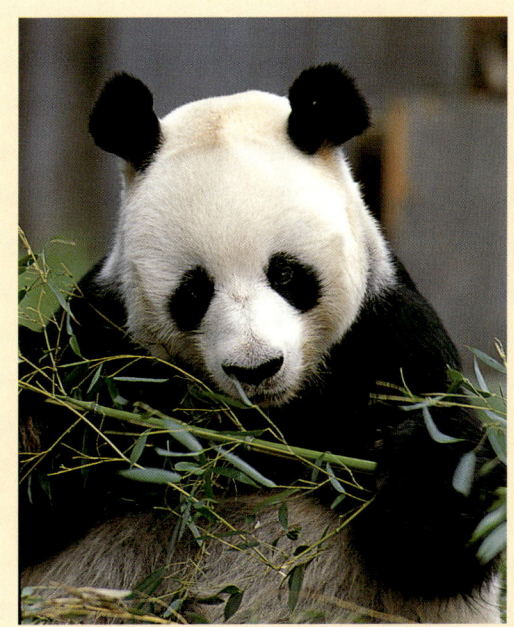

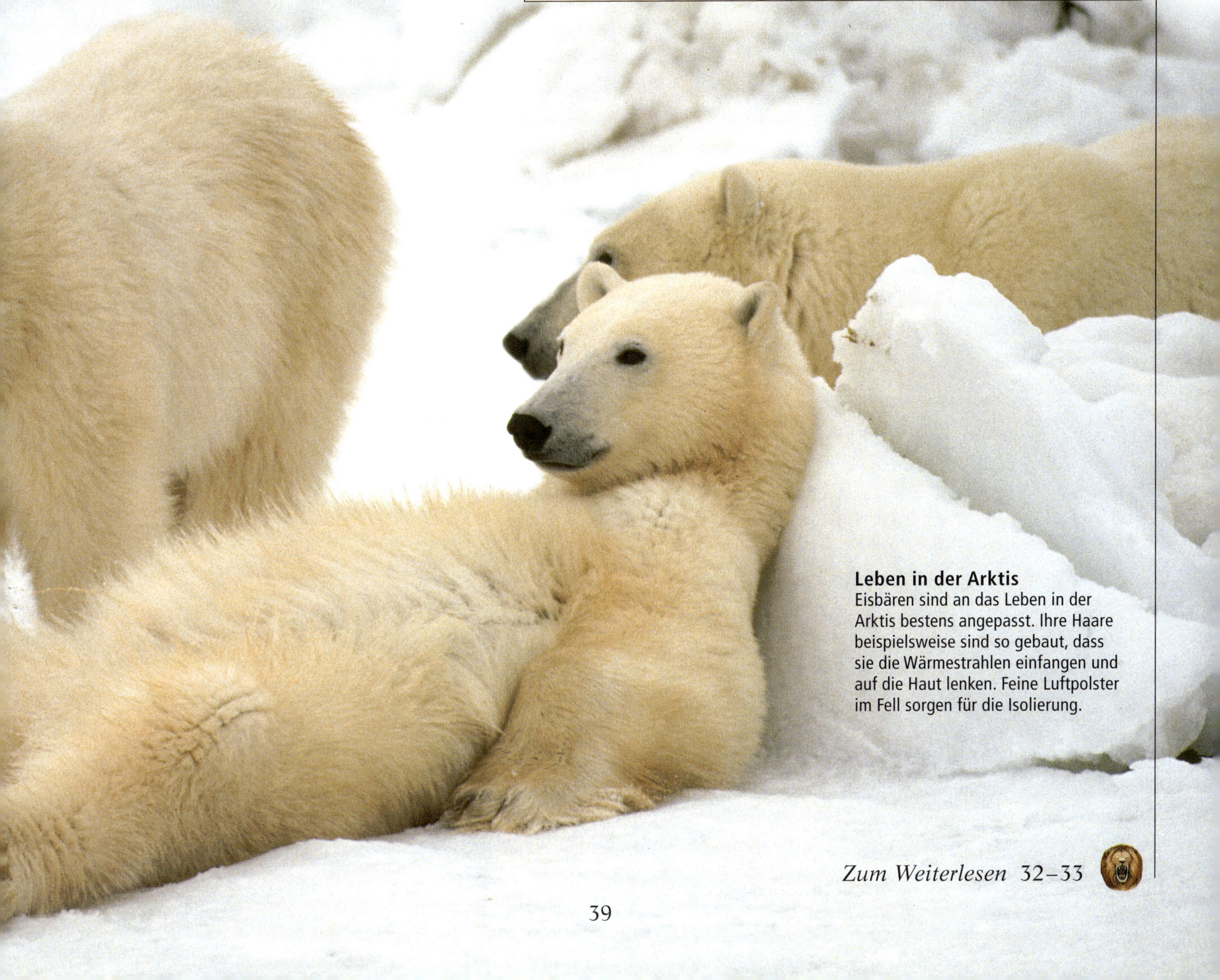

Leben in der Arktis
Eisbären sind an das Leben in der Arktis bestens angepasst. Ihre Haare beispielsweise sind so gebaut, dass sie die Wärmestrahlen einfangen und auf die Haut lenken. Feine Luftpolster im Fell sorgen für die Isolierung.

Zum Weiterlesen 32–33

Elefantenfuß
Elefanten haben an den Vorderbeinen fünf Zehen. Die drei inneren tragen hufförmige Nägel als Schutz.

Zehenspitzengänger
Alle Huftiere gehen auf den Zehenspitzen. Bei den Unpaarhufern ist die mittlere Zehe größer als die übrigen. Paarhufer gehen auf zwei Zehen.

Merkwürdige Verwandtschaft
Trotz der riesigen Unterschiede in Größe und Aussehen sind die Klippschliefer die nächsten Verwandten der Elefanten. Auch sie haben noch fünf Zehen.

Zebra
Zebras laufen wie die Pferde auf der Spitze einer einzigen Zehe. Die übrigen Zehen sind stark zurückgebildet.

Kamel
Kamele gehen auf der dritten und vierten Zehe. Die übrigen Zehen sind verschwunden.

Tiere mit Hufen

Vor ungefähr 100 Millionen Jahren wanderten die ersten Pflanzenfresser in die offenen Grasgebiete ein, die sich damals ausdehnten. Die ursprünglichen Sohlengänger entwickelten sich dort zu Zehen- und Zehenspitzengängern. Die Finger und Zehen, die nicht gebraucht wurden, verkümmerten oder bildeten sich zurück. Die Krallen oder Nägel wurden zu großen Hufen umgestaltet. Heute unterscheidet man rund 210 Huftierarten und unterteilt sie in drei Gruppen: Die primitiven Huftiere – die Elefanten, das Erdferkel, die Schliefer und die Seekühe – haben noch die meisten Zehen. Die Unpaarhufer haben entweder drei Zehen wie die Tapire und Nashörner oder nur noch eine Zehe wie die Pferde und ihre Verwandten. Die Paarhufer wie die Kamele, Schweine und Flusspferde haben zwei Zehen oder vier Zehen wie die Hirsche, Rinder, Schafe, Ziegen, Antilopen und Giraffen.

SCHON GEWUSST?

Kamele gehen nicht auf Hufen, sondern auf den Schwielenflächen des letzten und vorletzten Gliedes der mittleren Finger und Zehen. Durch die breite Trittfläche sinken sie im Sand nicht ein.

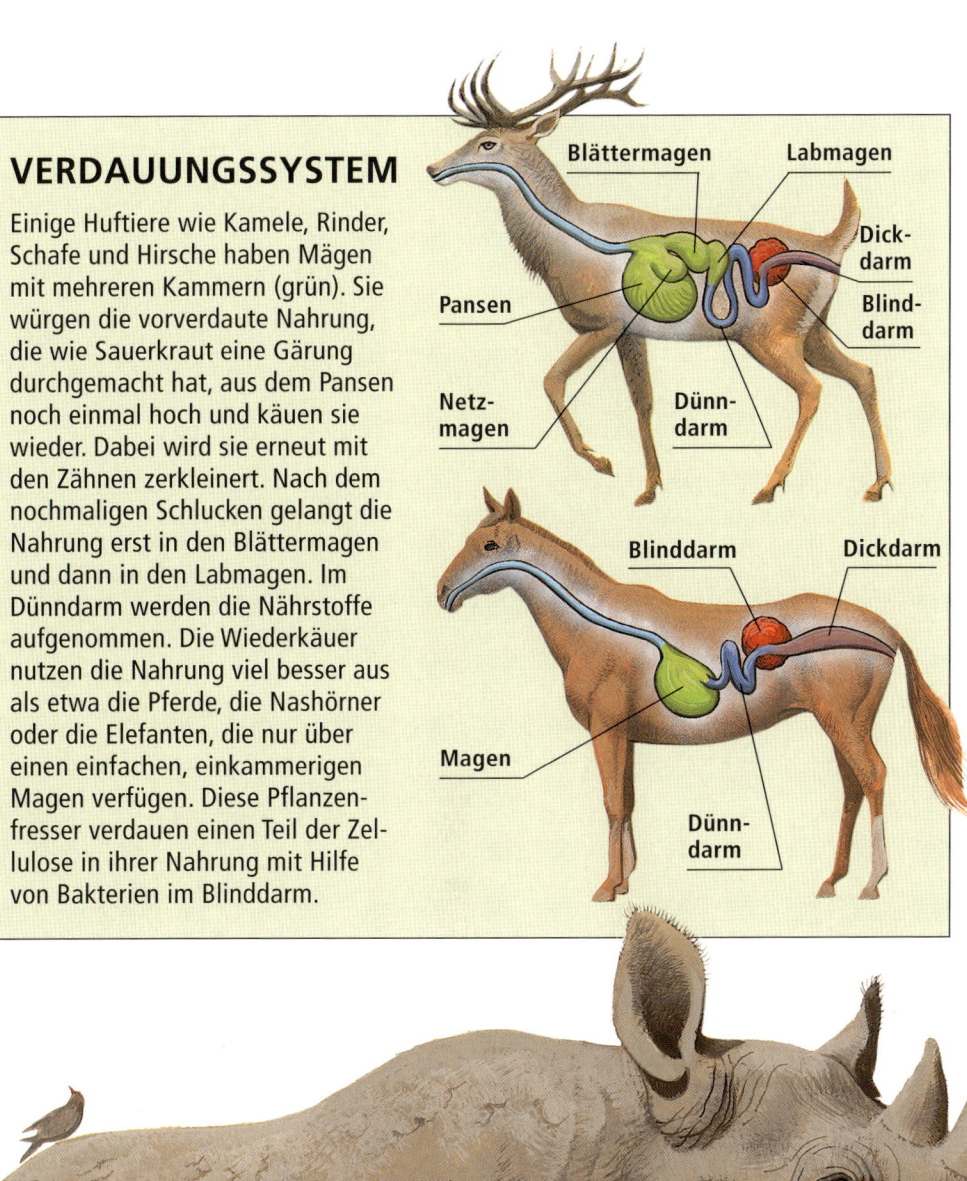

VERDAUUNGSSYSTEM

Einige Huftiere wie Kamele, Rinder, Schafe und Hirsche haben Mägen mit mehreren Kammern (grün). Sie würgen die vorverdaute Nahrung, die wie Sauerkraut eine Gärung durchgemacht hat, aus dem Pansen noch einmal hoch und käuen sie wieder. Dabei wird sie erneut mit den Zähnen zerkleinert. Nach dem nochmaligen Schlucken gelangt die Nahrung erst in den Blättermagen und dann in den Labmagen. Im Dünndarm werden die Nährstoffe aufgenommen. Die Wiederkäuer nutzen die Nahrung viel besser aus als etwa die Pferde, die Nashörner oder die Elefanten, die nur über einen einfachen, einkammerigen Magen verfügen. Diese Pflanzenfresser verdauen einen Teil der Zellulose in ihrer Nahrung mit Hilfe von Bakterien im Blinddarm.

Blättermagen
Labmagen
Dickdarm
Blinddarm
Pansen
Netzmagen
Dünndarm

Blinddarm
Dickdarm
Magen
Dünndarm

Halb in der Sonne, halb im Wasser
Flusspferde sind Paarhufer mit vier großen Zehen an den Füßen. Sie haben eine breite Trittfläche, mit der sie auf dem schlammigen Boden von Sümpfen gut gehen können.

Breitmaulnashorn
Breitmaulnashörner haben an den Vorderbeinen drei Zehen. Die erste und die fünfte Zehe sind verschwunden.

Rentier
Rentiere haben vier Zehen, die abgespreizt werden können, um im weichen Schnee nicht so weit einzusinken.

Gemeinsame Stärke
Gazellen wie die Impalas wandern oft zusammen mit Zebras. Beide Arten warnen sich gegenseitig vor Gefahren. Löwen ziehen große Beute wie Zebras vor, Leoparden und Hyänenhunde haben es eher auf Gazellen abgesehen, die auf der Flucht rasch ermüden.

SCHON GEWUSST?

Gnus, Zebras und Strauße treten oft zusammen auf. Die Gnus hören gut, sehen und riechen aber schlecht. Zebras riechen gut und Strauße sehen gut. Zusammen nehmen sie Feinde schon von weitem wahr und warnen sich gegenseitig.

Die afrikanische Savanne

Millionen von Pflanzenfressern wie Antilopen, Gazellen, Zebras, Gnus, Elefanten, Giraffen und Strauße leben in den weiten Ebenen der Serengeti in Ostafrika. Sie machen sich gegenseitig keine Konkurrenz um das Futter. Die Elefanten, Großantilopen und Giraffen fressen Blätter. Die Gnus weiden hohe Gräser ab, die Zebras niedrigere und die Gazellen ganz niedrige Kräuter und Gräser. Am Ende jeder Regenzeit machen sich die Herden der Gnus, Zebras und Gazellen auf ihre jährliche Wanderung. Sie legen dabei auf der Suche nach Wasser und Weide bis zu 3000 km zurück. Den Pflanzenfressern folgen Jäger und Aasfresser. Löwen, Leoparden und Geparden, Hyänenhunde und Hyänen lauern den Herden auf und greifen junge, geschwächte und verletzte Tiere an. Geier und Schabrackenschakale fressen die letzten Fleischteile, die von den Jägern übrig gelassen werden. Krokodile machen bei Furten, wo tausende von Gnus die Flüsse durchqueren, leichte Beute.

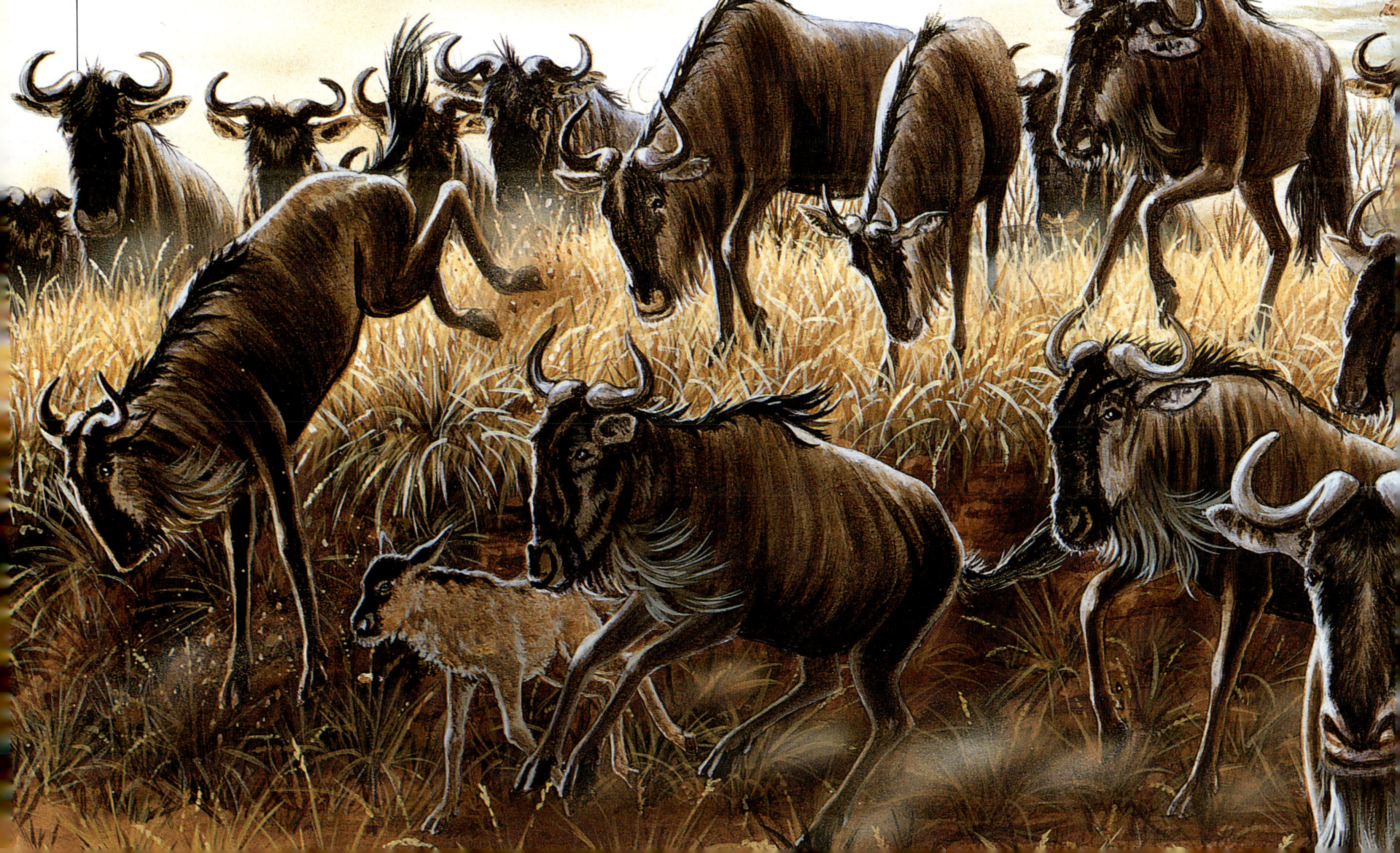

Verteidigungsring
Breitmaulnashörner
leben in Gruppen. Wenn
sie von einem Jäger bedroht
werden, bilden sie einen Ring,
um ihre Kälber zu schützen.

Zarte Blätter
Das Spitzmaul-
nashorn pflückt mit
der Oberlippe vor allem
Blätter von den Bäumen.
Madenhacker setzen sich oft
auf Nashörner und picken ihnen
Blut saugende Zecken aus der Haut.

Nashörner

Heute leben nur noch fünf Nashornarten auf der Welt, zwei in
Afrika und drei in Asien. Die Nashörner sind mit den Pferden
und Tapiren verwandt und entwickelten sich vor rund 40 Millionen Jahren. Forscher haben Nashornfossilien von über 50 aus-
gestorbenen Arten ausgegraben. Am größten war das 5 m lange
Elasmotherium, das ein 2 m langes Horn trug. Nashörner werden
bis zu 5 t schwer und haben säulenförmige Beine. Sie fressen nur
Pflanzen, das Breitmaulnashorn und das Panzernashorn vor allem
Gräser, die anderen Arten auch Blätter. Die Nahrung nehmen
sie überwiegend nachts auf. Nashörner können vier bis fünf Tage
überleben, ohne zu trinken, besonders wenn sie sich im feuchten
Schlamm suhlen können. Das Schlammbad kühlt auch die Haut
und verjagt Parasiten. Alle Nashornarten sind heute vom
Aussterben bedroht.

Elefanten

Die ersten Elefanten waren ungefähr so groß wie Schweine und hatten noch keine Stoßzähne oder Rüssel. Sie lebten vor rund 50 Millionen Jahren in Nordafrika. Heute gibt es nur noch zwei Elefantenarten: den Indischen und den Afrikanischen Elefanten; letzterer ist das größte Säugetier auf dem Land. Elefanten werden etwa 60 Jahre alt. Sie leben in Familien, die sich bisweilen zu Herden aus hunderten von Tieren zusammenschließen. Die Elefanten ziehen auf breiten Wechseln durch die Regenwälder. Diese Pfade benutzen sie seit Generationen – Elefanten haben ein gutes Gedächtnis. Sie verbringen viele Stunden am Tag mit Fressen. Dabei nehmen sie rund 300 kg Blätter, Rinden, Früchte und Gräser auf. Ein ausgewachsener Elefant braucht täglich 70 bis 90 l Wasser. Die vom Aussterben bedrohten Elefanten werden wegen ihres Elfenbeins leider immer noch gejagt.

SCHON GEWUSST?

Der Elefantenrüssel ist gleichzeitig kräftig und sehr empfindlich. Das Tier kann damit einen ganzen Baum aus dem Boden reißen oder ein Zweiglein hochheben. Der Rüssel besteht aus Muskeln.

Ein Schlammbad

Die Elefanten halten sich kühl, indem sie jeden Tag mehrere Stunden im Wasser verbringen. Sie saugen Wasser mit dem Rüssel an und spritzen es über ihren Körper. Um ihre Haut vor der Sonne und vor allem vor Blutsaugern zu schützen, bedecken sie sich auch mit Staub und Schlamm.

Ein Arbeitstier

Indische Elefanten sind kräftige, ruhige Tiere. Seit Jahrtausenden dienen sie vor allem in der Holzwirtschaft als willige Arbeitstiere. Früher hat man sogar Kriegselefanten eingesetzt.

Ein kleiner Unterschied

Afrikanische Elefanten erreichen eine Schulterhöhe von bis zu 4 m. Sie haben große Ohren und über den Augen ist der Schädel abgeflacht. Die Hinterfüße haben drei Zehen, die Rüsselspitze besteht aus zwei „Fingern".

Indische Elefanten werden etwa 3,20 m hoch. Sie haben kleine Ohren, deutliche Stirnwülste und einen stark abfallenden Rücken. Die Hinterfüße haben vier oder fünf Zehen, der Rüssel hat nur einen „Finger".

Die große Wanderung
Hunderte von Gnuherden, jede mit bis zu 10 000 Tieren, durchqueren Jahr für Jahr die Serengeti. Sie werden dabei von Zebras begleitet, die sich dadurch besser vor Feinden geschützt fühlen.

Wildes Aussehen
Das Warzenschwein hat einen mächtigen Kopf und warzenartige Auswüchse auf der Haut. Das eher friedliche Tier lebt in Familiengruppen in der Savanne und fällt Löwen und Leoparden zum Opfer.

Ständig auf der Suche
Die Giraffen führen zwar keine regelmäßigen Wanderungen durch, doch auch sie müssen in der Serengeti auf der Suche nach Wasser und Futter umherziehen.

ZEBRASTREIFEN
Obwohl die Streifen eines Zebras sehr auffällig sind, haben es Jäger doch schwer, ein einzelnes Zebra in einer Herde auszumachen. Die Streifen lösen die Gestalt der Zebras auf, sodass sie im Gegensatz zu einem einfarbigen dunklen oder hellen Tier keine festen Körperumrisse mehr zu haben scheinen.

Löwen auf der Lauer
Wenn die Wanderung einsetzt, gibt es für die Löwen viel Beute. Die meisten Löwenjungen kommen während der Trockenzeit auf die Welt, die im Mai beginnt. Die Gnus kalben schon im November und Dezember.

Leben im Sumpf
Der Wasserbock, der eine Schulterhöhe von 1,5 m erreicht, bewegt sich nie weit von den Sumpfgebieten weg, wo er sich aufhält.

Javanashorn
Höhe: 180 cm
Horn: Männchen mit
einem einzigen, bis zu
28 cm langen Horn
Haut: mit Falten, in Platten

Panzernashorn
Höhe: 182 cm
Horn: ein einzelnes, bis
zu 60 cm langes Horn
Haut: mit Falten und
verknöcherten Beulen

Sumatranashorn
Höhe: 132 cm
Horn: zwei kurze Hörner
Haut: mit Falten und
dunklen borstigen Haaren

Breitmaulnashorn
Höhe: 198 cm
Horn: zwei Hörner, das
vordere bis zu 157 cm lang
Haut: ohne Falten

Spitzmaulnashorn
Höhe: 152 cm
Horn: zwei Hörner, das
vordere bis zu 135 cm lang
Haut: ohne Falten

FAST AUSGESTORBEN

Das Sumatranashorn, das auf Borneo und auf der
Malaiischen Halbinsel lebt, ist die primitivste Nas-
hornart. Es ist noch sehr dicht behaart. Neben
Blättern und Früchten frisst es auch Baumrinden
und Flechten. Vom Sumatranashorn gibt es heute
nur noch 300 Tiere. Das Javanashorn ist mit etwa
60 lebenden Exemplaren noch seltener.

Grasfresser

Das Breitmaulnashorn
hat eine breite Ober-
lippe, mit der es kurze
Gräser abweiden kann.
Diese Art ist fast zweimal so
schwer wie das Spitzmaul-
nashorn. Von beiden Arten
gibt es nur noch wenige
tausend Tiere.

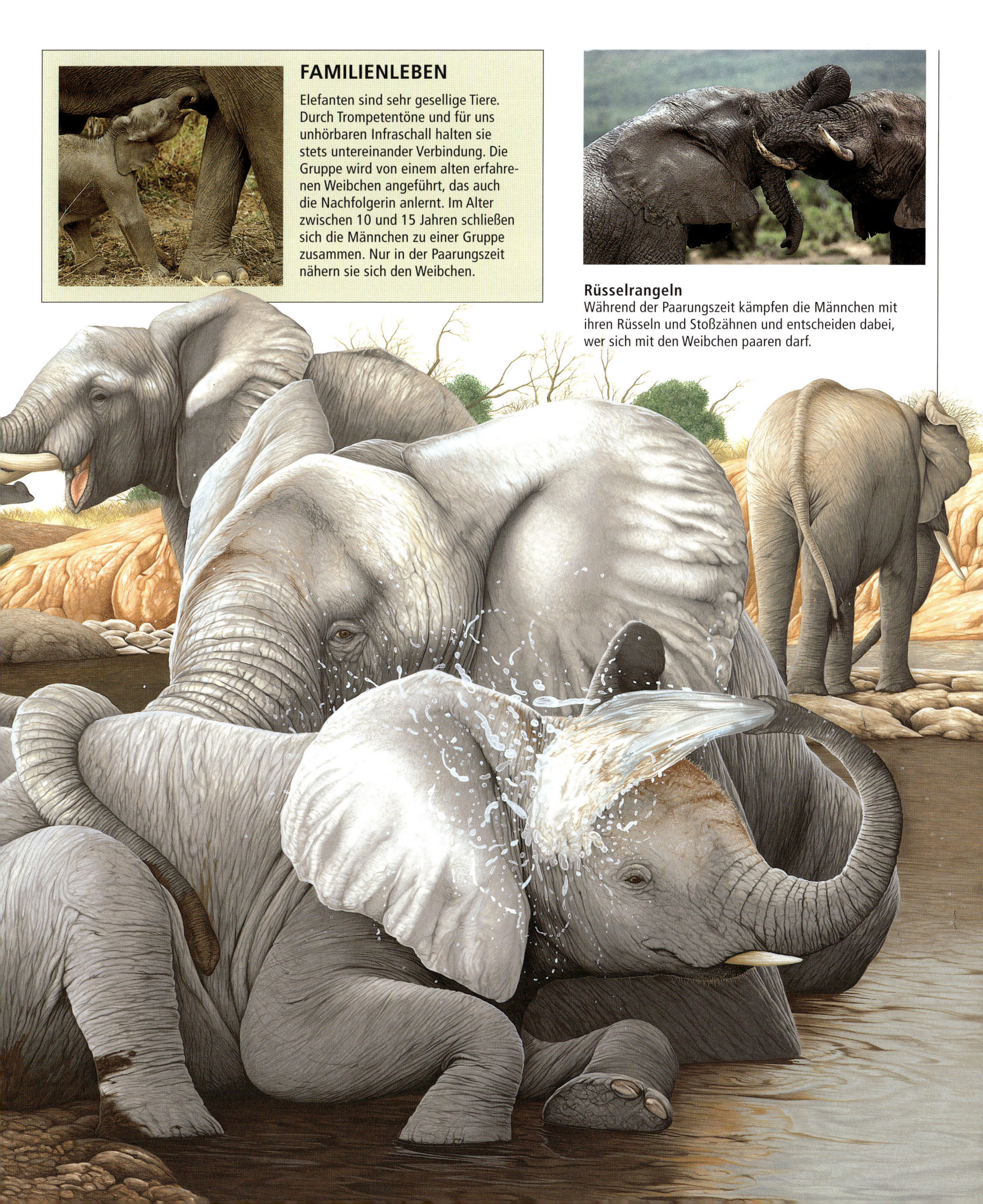

FAMILIENLEBEN

Elefanten sind sehr gesellige Tiere. Durch Trompetentöne und für uns unhörbaren Infraschall halten sie stets untereinander Verbindung. Die Gruppe wird von einem alten erfahrenen Weibchen angeführt, das auch die Nachfolgerin anlernt. Im Alter zwischen 10 und 15 Jahren schließen sich die Männchen zu einer Gruppe zusammen. Nur in der Paarungszeit nähern sie sich den Weibchen.

Rüsselrangeln

Während der Paarungszeit kämpfen die Männchen mit ihren Rüsseln und Stoßzähnen und entscheiden dabei, wer sich mit den Weibchen paaren darf.

Hirsche und Rinder

Frühling
Die Rosenstöcke schieben nach und sind von einer samtartigen Haut bedeckt, dem Bast.

Frühsommer
Das Geweih ist sehr gut durchblutet und wächst sehr schnell zur endgültigen Größe heran. Jedes Jahr kommen ein paar neue Enden hinzu.

Spätsommer
Der Bast trocknet aus und wird an Baumstämmen und Sträuchern abgefegt. Die Hirschmännchen führen nun mit dem Geweih ihre Paarungs-kämpfe aus.

Winter
Nach der Paarungszeit löst sich die Verbindung zum Schädel und das Geweih wird abgeworfen.

Das Verbreitungsgebiet der Hirsche und Rinder erstreckt sich von der arktischen Tundra bis zu den südostasiatischen Regenwäldern. Die kleinste Art ist der katzengroße Pudu, die größte der nordameri-kanische Elch, der eine Schulterhöhe von über 2 m erreicht. Alle Hirsche und Rinder sind Pflanzenfresser. Die meisten leben von Gräsern, Blättern und Früchten. Nur das Rentier ernährt sich vor-wiegend von Flechten und Moosen. Man unterscheidet 38 Hirsch-arten und 128 Rinderarten, zu denen auch die Schafe, Ziegen und Büffel, die Antilopen und Gazellen zählen. Die Rinder entstanden vor ungefähr 23 Millionen Jahren. Sie haben ein vielkammeriges Verdauungssystem und sind Wiederkäuer. Viele Arten wurden zu Haustieren. Beim Hausrind, beim Schaf und bei der Ziege wachsen die Hörner zeitlebens. Die meisten Hirschmännchen bekommen Geweihe, die sie im Winter jedoch wieder abwerfen. Im Frühling wachsen sie nach und entwickeln dabei oft starke Verzweigungen.

Eine Art Wagenburg
Die Moschusochsen, die in der Arktis leben, sind mit den Ziegen verwandt. Werden sie von Wölfen angegriffen, bilden sie einen schützenden Ring um ihre Kälber.

Flüchten
Die indische Nilgau-Antilope hat nur kurze Hörner. Wenn sie von Leoparden oder Tigern angegriffen wird, sucht sie ihr Heil in der Flucht.

Ein Zwerg
Der Pudu aus Südchile ist die kleinste Hirschart. Er wiegt nur 6 bis 7 kg. Trotz seines Aussehens ist er mit den Antilopen verwandt.

Zweikampf

Die Geweihe aller Hirsche sind so geformt, dass sich die Tiere beim Kampf nicht verletzen und auch nicht ineinander verhaken. Die nordamerikanischen Rentiere, die Karibus, versuchen sich gegenseitig vom Platz zu stoßen. Der Gewinner paart sich mit den Weibchen, der Verlierer zieht sich zurück.

AUSSENSEITER

Die Zoologen stellten lange Zeit den nordamerikanischen Gabelbock wegen seiner eigentümlichen Merkmale in eine eigene Familie. Wie die Rinder hat er Hörner und kein Geweih. Allerdings wirft er wie auch die Hirsche jedes Jahr die äußerste Hornschicht ab. Heute zählen viele Forscher den Gabelbock deshalb zur Familie der Rinder, Schafe und Ziegen.

Nagetiere

Wüstenbewohner

Die Rennmäuse leben in den Wüsten Afrikas und Asiens. Sie gehören zur Familie der Mäuse, der größten unter allen Säugern. Die Tierchen fressen Samen und sind nachts unterwegs. Das gesamte Wasser, das sie benötigen, gewinnen sie aus ihrer Nahrung. Sie brauchen also nie zu trinken.

Über ein Drittel aller Säuger gehört zu den Nagetieren. Die kleinste Art ist eine Zwergspringmaus, die in einer Zündholzschachtel Platz fände. Am größten ist das Wasserschwein oder Capybara, das eine Länge von 1,25 m und ein Gewicht von 50 kg erreicht. Nagetiere finden sich in allen Lebensräumen, von der Arktis bis zur Wüste. Einige Arten verbringen fast das ganze Leben auf Bäumen, andere bauen Gänge im Boden. Die Biber haben sich dem Leben im Wasser angepasst. Nagetiere haben viele Feinde. Mit Ausnahme der Stachelschweine können sie sich kaum wirksam verteidigen. Um das Überleben der Art zu sichern, bringen die Nagetiere viele Junge zur Welt. Die Schneidezähne, die dauernd nachwachsen, sind ihr wichtigstes Werkzeug. Sie öffnen damit Samen und Nüsse, reißen Baumrinden ab und fällen sogar Bäume.

Biber bei der Arbeit

Es gibt zwei Biberarten, den Kanadischen Biber und den Europäischen Biber. Beide fressen Baumrinden und Blätter und leben vorwiegend im Wasser. Die Biber legen zum Schutz ihrer Baue große Dämme an und regulieren dadurch auch die Flüsse.

Auf schwankendem Rohr
Zwergmäuse fressen Samen und bauen hoch oben in den Halmen von Getreidefeldern Kugelnester. Die alten Römer schätzten Zwergmäuse und Siebenschläfer als besondere Leckerbissen.

UNTERIRDISCHE STÄDTE

Die Schwarzschwanz-Präriehunde, die trotz ihres Namens zu den Nagetieren zählen, leben in den baumlosen Grasländern Nordamerikas. Sie bauen unterirdische „Städte" aus tausenden von Gängen auf einem Gebiet von bis zu 30 Hektar. In einer solchen Stadt leben über 1000 Tiere. Jede Familie aus einem Männchen, drei Weibchen und ungefähr sechs Jungtieren bewohnt einen Bau. Ein erwachsenes Tier hält am Eingang Wache und warnt die anderen durch Pfiffe, wenn sich ein Jäger nähert.

Palette der Nagetiere
Es gibt sehr viele Nagetierarten, die sich weniger durch das Aussehen als durch ihre Lebensweise unterscheiden.

Wasserschwein

Lemming

Hausratte

Stachelschwein

Hakenschlagen
Mit seinen langen Hinterbeinen kann ein Hase sehr schnell beschleunigen und plötzlich die Laufrichtung ändern. Mit solchen Haken überlistet er selbst einen Habicht.

Hasen und Kaninchen

In Afrika, Europa, Asien und Amerika leben etwa 65 Arten von Hasen und Kaninchen. Die Kaninchen wurden auch in Australien eingeführt. Im Aussehen erinnern die Hasentiere an die Nager, doch sind sie mit ihnen nicht näher verwandt. Im Gegensatz zu den Nagetieren haben sie Haare auf den Fußsohlen: Es fehlen ihnen die Schweißdrüsen. Kaninchen und Hasen haben lange Ohren, lange Vorderbeine und noch viel längere Hinterbeine, mit denen sie hoppeln und sehr schnell laufen können. Nur die Pfeifhasen in den Wüsten und Gebirgen Asiens und Nordamerikas haben kleine Ohren und sehen fast wie große Lemminge aus. Die Augen der Kaninchen sitzen an den Kopfseiten, sodass die Tiere ein sehr weites Gesichtsfeld haben. Die Schneidezähne wachsen dauernd nach, doch steht hinter ihnen ein weiteres Zahnpaar. Alle Hasentiere fressen Pflanzen und sind überwiegend nachts aktiv.

Großohr
Der Kalifornische Eselhase lebt in den nordamerikanischen Wüsten. Seine großen Ohren sind stark durchblutet und er strahlt mit ihrer Hilfe viel Wärme ab. Damit hält sich diese Hasenart tagsüber kühl. Der Eselhase hört auch sehr gut.

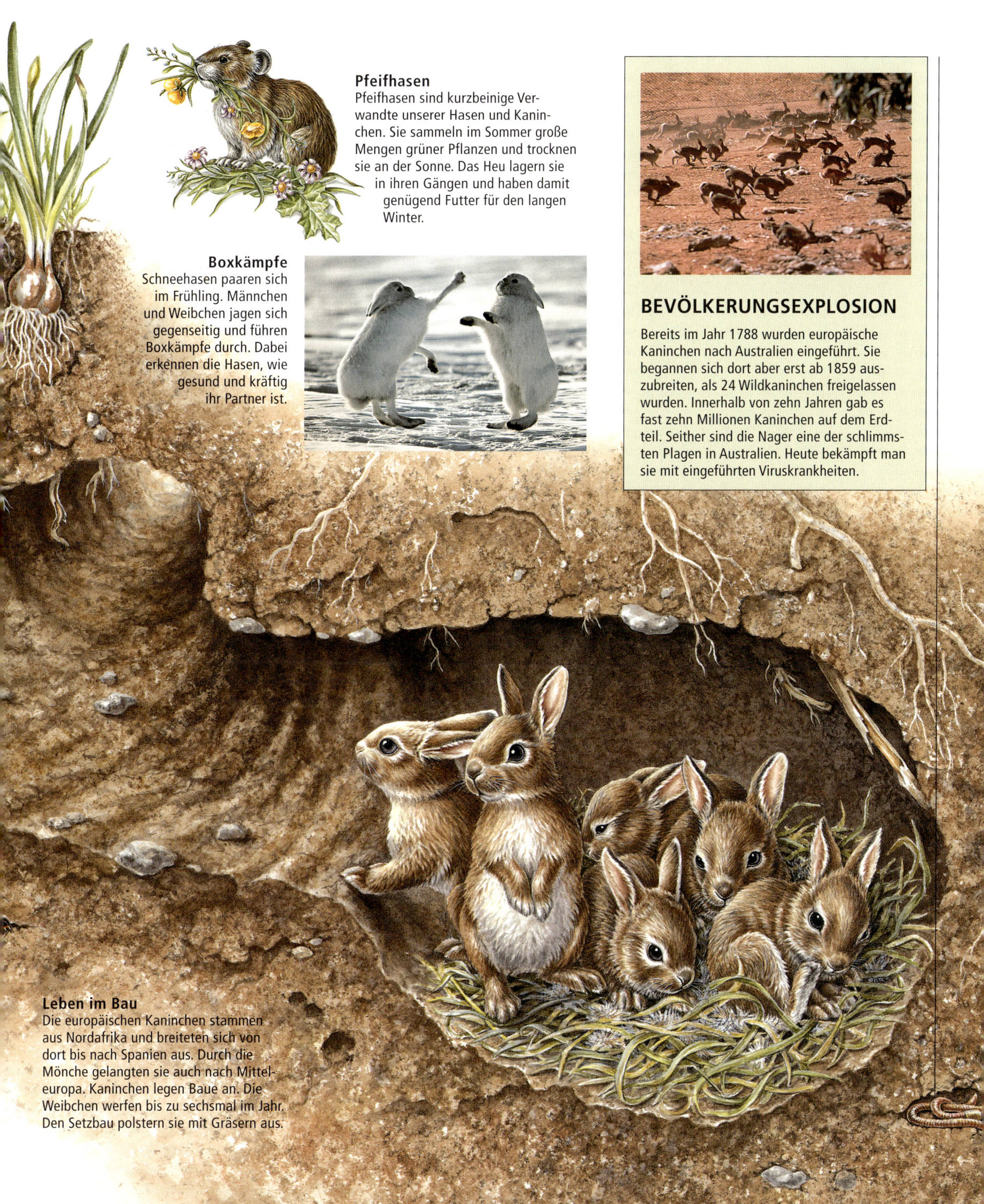

Pfeifhasen
Pfeifhasen sind kurzbeinige Verwandte unserer Hasen und Kaninchen. Sie sammeln im Sommer große Mengen grüner Pflanzen und trocknen sie an der Sonne. Das Heu lagern sie in ihren Gängen und haben damit genügend Futter für den langen Winter.

Boxkämpfe
Schneehasen paaren sich im Frühling. Männchen und Weibchen jagen sich gegenseitig und führen Boxkämpfe durch. Dabei erkennen die Hasen, wie gesund und kräftig ihr Partner ist.

BEVÖLKERUNGSEXPLOSION
Bereits im Jahr 1788 wurden europäische Kaninchen nach Australien eingeführt. Sie begannen sich dort aber erst ab 1859 auszubreiten, als 24 Wildkaninchen freigelassen wurden. Innerhalb von zehn Jahren gab es fast zehn Millionen Kaninchen auf dem Erdteil. Seither sind die Nager eine der schlimmsten Plagen in Australien. Heute bekämpft man sie mit eingeführten Viruskrankheiten.

Leben im Bau
Die europäischen Kaninchen stammen aus Nordafrika und breiteten sich von dort bis nach Spanien aus. Durch die Mönche gelangten sie auch nach Mitteleuropa. Kaninchen legen Baue an. Die Weibchen werfen bis zu sechsmal im Jahr. Den Setzbau polstern sie mit Gräsern aus.

Großer Tümmler
Diese Delfinart schwimmt sehr schnell. Der Tümmler hat bis zu 160 spitze Zähne im Maul und ernährt sich von Fischen.

Seiwal
Der Seiwal hat 230–360 Barten im Maul, die bis zu 20 cm lang werden. Er ernährt sich von Heringen, Tintenfischen und Garnelen.

Südlicher Glattwal
Diese Walart hat 500 Barten. Die weißen Flecken auf der Haut entstehen durch Schmarotzerbefall, besonders durch Seepocken.

Pottwal
Der Pottwal ist der bei weitem größte Zahnwal. Nur im Unterkiefer hat er bis zu 50 Zähne. Er ernährt sich meist von Riesentintenfischen.

Wale und Delfine

Die Wale und Delfine entwickelten sich vor ungefähr 65 Millionen Jahren aus Huftieren. Heute sind diese Meeressäuger allerdings vollkommen an das Leben im Wasser angepasst. Sie haben schlanke, stromlinienförmige Körper und einen abgeflachten Schwanz, mit dem sie sich vorantreiben. Wie alle Säugetiere ernähren die Mütter ihre Babys mit Milch. Als Säuger müssen die Wale zur Wasseroberfläche kommen, um dort über das Blasloch Luft zu atmen. Wir unterscheiden 63 Zahnwale, angefangen vom 18 m langen Pottwal bis zu den 1,60 m langen Delfinen und Tümmlern. Sie fressen Fische und Tintenfische und orientieren sich wie die Fledermäuse mit Hilfe der Echopeilung. Einige Arten unternehmen lange Wanderungen. Das größte Säugetier, das jemals gelebt hat, ist der Blauwal mit über 30 m Länge. Wie alle Bartenwale hat er keine Zähne. Stattdessen hängen lange Hornlamellen, die Barten, vom Oberkiefer herab. Damit sieben die Bartenwale kleine Fische und Krebse aus dem Wasser und verschlucken diesen Krill. Die elf Bartenwalarten leben in den großen Ozeanen und wandern im Lauf der Jahreszeiten einmal um die ganze Erde.

Delfine
Die Delfine haben einen stromlinienförmigen, fischähnlichen Körper mit glatter Haut und quer stehender Schwanzflosse. Sie können mehrere Stunden lang eine Geschwindigkeit von 40 km/h einhalten. Im Süßwasser leben fünf Delfinarten.

Schwertwale

Die Schwertwale, fälschlicherweise auch Killerwale genannt, gehen gemeinsam auf Jagd. Es kommt zum Beispiel vor, dass ein Schwertwal schnell auf den Strand zuschwimmt und die Robben erschreckt. Diese versuchen ins Meer zu entkommen, wo sie von den übrigen Schwertwalen geschnappt werden.

WALGESCHICHTEN

Der Blauwal wird über 30 m lang und bis zu 130 t schwer. Sein Maul misst 6 m in der Breite. Das Herz wird so groß wie ein Kleinwagen und pumpt etwa 9500 l Blut durch den riesigen Körper.

Die bis zu 40 t schweren Pottwale haben das größte Gehirn unter allen Tieren. Es ist über 9 kg schwer. Pottwale können über 2000 m tief und über eine Stunde lang tauchen.

Der Narwal, der in den arktischen Gewässern vorkommt, wird bis zu 4,5 m lang. Das Männchen hat einen etwa 2,5 m langen Stoßzahn, dessen Zweck den Zoologen bis heute noch unklar ist.

Buckelwale bringen lange und komplizierte Gesänge hervor, die bis zu 35 Minuten dauern können. Die Tiere hören sich noch in einer Entfernung von 1200 km. Wahrscheinlich teilen sich die Buckelwale durch ihren Gesang gegenseitig mit, wo sie sich befinden und welchem Geschlecht sie angehören.

Buckelwal

Rivalen
Seehunde, Seelöwen und Walrosse zeigen während der Paarungszeit ein ausgeprägtes Revierverhalten. Sie kämpfen miteinander um die Weibchen. Das siegreiche Männchen versammelt einen ganzen Harem um sich.

Robben und Walrosse

Vor 50 Millionen Jahren gab es otterähnliche Raubtiere, die auf dem Festland genauso zu Hause waren wie im Wasser. Doch dann wandten sie sich immer mehr dem Leben im Meer zu. Die Vorder- und Hinterbeine verkürzten sich und nahmen Flossengestalt an. Die Tiere wurden insgesamt größer und entwickelten eine dicke Fettschicht als Schutz gegen das kalte Wasser. Vor zehn Millionen Jahren gab es dann echte Robben wie heute. Zu ihnen zählen wir auch die Seehunde, die See-löwen und See-Elefanten sowie das Walross. Man unterscheidet heute 14 Arten der Ohrenrobben mit kleinen Ohrmuscheln; sie können ihre Hinterbeine zum Laufen auf dem Land nach vorn drehen. Die 19 Seehundarten, die es gibt, können die Hinterbeine nicht mehr drehen und müssen auf dem Land richtig „robben". Alle Robben sind Fleischfresser. Sie ernähren sich von Krabben, Fischen und Tintenfischen. Ihre Jungen gebären sie auf dem Land und bilden oft große Kolonien.

Halb so groß
Die Männchen des südlichen See-Elefanten werden bis zu 6 m lang und 4 t schwer. Die Weibchen dieser größten Robbenart (oben) werden nur halb so groß.

SCHON GEWUSST?

Die Hauer des Walrosses können bis zu 70 cm lang werden. Die Tiere wühlen damit Muscheln aus dem weichen Meeresboden, von denen sie sich ernähren. Mit Hilfe der Hauer ziehen sie ihre Körper auch auf eine Eisscholle hoch.

Seelöwen

Australische Seelöwen jagen oft gemeinsam Fische. Sie sind an das Leben im Meer hervorragend angepasst. Beim Tauchen verlangsamt sich ihr Herzschlag von 100 Schlägen auf 10 Schläge pro Minute.

SEEKÜHE

Manatis (rechts) und Dugongs sehen aus wie Robben, haben mit ihnen aber nichts zu tun. Zu ihren nächsten Verwandten gehören die Elefanten. Die Seekühe haben schwere, massige Körper und eine robbenähnliche Schwanzflosse. Im Gegensatz zu den Robben bringen sie ihre Jungen jedoch im Wasser auf die Welt.

Strandleben

Walrosse sind gesellige Tiere. Während der Fortpflanzungszeit leben sie in Kolonien, die bis zu 3000 Tiere umfassen können. Ein Walrossmännchen hat einen Harem von etwa 50 Weibchen.

Bedrohte Arten

Mindestens 27 Säugerarten sind in den letzten 200 Jahren ausgestorben, und über 136 Arten sind heute stark bedroht. Schneeleoparden, Tiger und andere Großkatzen wurden wegen ihrer Felle und vermeintlich heilkräftigen Knochen gejagt. Wölfe und Pumas wurden geschossen, weil sie als gefährlich galten. Die Laysan-Mönchsrobbe und mehrere Bartenwale stehen kurz vor dem Verschwinden, weil der Mensch vor allem ihr Fleisch begehrt. Die meisten Säugerarten sind aber durch die Zerstörung ihrer Lebensräume bedroht, durch Kahlschlag, Entwässerung und die Landwirtschaft.

Goldlöwenäffchen

Nördlicher Haarnasenwombat

Schwarzfußiltis (Nordamerika)

Der Schwarzfußiltis, der von Kanada bis Texas vorkommt, ist bedroht, weil die Farmer den Präriehunden mit Gift nachstellen. Dadurch findet der Iltis nicht mehr genug zu fressen.

Laysan-Mönchsrobbe (Hawaii)

Es gibt zwei oder drei Arten von Mönchsrobben. Die Karibische Mönchsrobbe ist wohl schon ausgestorben. Die Mittelmeer-Mönchsrobbe ist vor allem durch die Störung ihrer

Laysan-
Mönchsrobbe

Brutplätze und durch die Wasserverschmutzung bedroht. Die Laysan-Mönchsrobben in den Gewässern um Hawaii wurden früher zu tausenden geschlachtet. Heute scheint sich diese Art wieder zu erholen. Doch wissen wir so wenig über sie, dass wir nicht sicher sein können, ob sie überlebt.

Nördlicher Haarnasenwombat (Australien)

Der Haarnasenwombat zieht trockenes, offenes Gelände vor und war nie so weit verbreitet wie der gewöhnliche Wombat. Die Art wurde erst 1869 entdeckt. Einst war sie von Neu-Südwales bis zum zentralen Queensland verbreitet, verschwand aber kurz nach der Besiedlung durch die Europäer. Heute kommt sie nur noch im Osten von Queensland vor.

Großer Panda (Ostasien)

Der Große Panda war schon immer selten, da er sich nur langsam fortpflanzt. Im Durchschnitt bringt ein Weibchen nur alle drei Jahre ein Junges auf die Welt. Im 20. Jahrhundert stieg die Bedrohung dieser Art an, weil sie wegen ihres Fells und wegen des Fleisches gejagt wurde. Auch die Lebensräume des Großen Pandas sind immer stärker bedroht. Viele Pandas leiden Hunger, wenn die Bambuspflanzen etwa alle 50 bis 100 Jahre auf einmal blühen und danach absterben.

Wisent (Europa)

Der Wisent ist mit einer Schulterhöhe von 2 m das größte Landsäugetier Europas und ein naher Verwandter des amerikanischen Bisons. Die letzten polnischen Bestände wurden um 1900 geschossen. Danach gab es wilde Wisente nur noch weiter östlich, in Russland und Sibirien. Die Wisente wurden nachgezüchtet und heute gibt es wieder 24 Herden, fünf davon in Polen, der Rest in Russland.

Goldlöwenäffchen (Südamerika)

Unter den Affenarten Südamerikas sind viele vom Aussterben bedroht. Sie waren früher als Haustiere beliebt und wurden zu tausenden in Fallen gefangen. Die Reise in die Abnehmerländer überlebten aber die wenigsten. Das Goldlöwenäffchen ist eine von drei Unterarten des Löwenäffchens. Es ist durch den Kahlschlag und die Ausbreitung der Landwirtschaft stark gefährdet.

Nordkaper

Bereits im 18. Jahrhundert war der Nordkaper so gut wie ausgestorben. Im Jahr 1785 musste eine amerikanische Walfanggesellschaft schließen, weil nicht mehr genügend Wale vorhanden waren. Selbst heute leben nur noch ein paar tausend Tiere dieser Art.

Ordnungen der Säugetiere

Kloakentiere

Die primitiven Kloakentiere leben nur noch in Australien und auf Neuguinea. Man unterscheidet das Schnabeltier und die Ameisenigel, nämlich den Kurzschnabel- und den Langschnabeligel.

Beuteltiere

Beuteltiere kommen in Australien und auf Neuguinea sowie in Nord- und Südamerika vor. Man kennt ungefähr 280 Arten, darunter Kängurus, Koalas, Wombats und Beutelwölfe sowie Opossums.

Zahnarme

Unter diesem Kunstnamen fassen die Zoologen die 29 Arten der Ameisenbären, Faultiere und Gürteltiere zusammen. Sie fressen Blätter oder Insekten und kommen nur in Mittel- und Südamerika vor. Eine Art lebt auch in den USA.

Schuppentiere

Die sieben Schuppentierarten leben in Afrika und Südostasien. Die Hornschilder ihrer Haut erinnern an Tannenzapfen.

Insektenfresser

Es gibt 365 Arten von Insektenfressern, darunter Spitzmäuse, Maulwürfe und Igel. Insektenfresser leben auf allen Kontinenten mit Ausnahme von Australien.

Rüsselspringer

Die Gruppe umfasst 15 Arten von Elefantenspitzmäusen. Sie leben auf dem Boden und kommen nur in Afrika vor.

Spitzhörnchen

Die 16 asiatischen Spitzhörnchenarten haben mit Insektenfressern und Affen vieles gemeinsam. Eine Art ist nur nachts aktiv, alle anderen fressen auch tagsüber.

Pelzflatterer

Beide Arten der Pelzflatterer oder Riesengleiter leben in Südostasien. Sie beherrschen den Gleitflug von Baum zu Baum.

Fledermäuse

Fledermäuse bilden die zweitgrößte Säugetierordnung. Es gibt 977 Arten; die Flügelspannweite beträgt 10 bis 150 cm.

Flughund

Affen

Die 201 Affenarten bilden eine vielgestaltige Gruppe mit den Halbaffen, den Koboldmakis, den gewöhnlichen Affen und den Menschenaffen.

Raubtiere

Raubtiere gibt es auf jedem Kontinent. Der Zoologe unterscheidet 269 Arten, darin eingeschlossen die 35 Robbenarten.

Röhrchenzähner

Diese Ordnung hat nur eine einzige Art: das kurzbeinige und langnasige Erdferkel. Es lebt nur in Afrika südlich der Sahara.

Seekühe

Die vier Arten der Manatis und Dugongs leben in den warmen Meeren des Westpazifiks und Indischen Ozeans, in Amerika und in den Flüssen Westafrikas.

Schliefer

Es gibt acht Arten von Schliefern. Die kaninchenähnlichen Tiere leben in Afrika und im mittleren Osten und haben mit den Elefanten einige Merkmale gemeinsam.

Rüsseltiere

Heute leben nur noch zwei Arten von Rüsseltieren: der Indische und der Afrikanische Elefant.

Unpaarhufer

Zu den Unpaarhufern gehören die Pferde, die Zebras, die Tapire und die Nashörner. Sie zählen 16 Arten und stammen aus Afrika, Asien und Südamerika.

Paarhufer

Es gibt 194 Paarhuferarten, darunter Schweine, Hirsche, Kamele, Flusspferde, Antilopen, Giraffen, Schafe, Ziegen und Rinder. Mit Ausnahme von Australien und Antarktika ist die Ordnung auf allen Kontinenten vertreten.

Wale

Die 77 Arten der Wale, Delfine und Tümmler leben in allen Weltmeeren. Es gibt fünf Arten von Süßwasserdelfinen.

Hasentiere

Das Verbreitungsgebiet der 65 Hasen- und Kaninchenarten erstreckt sich über Afrika, Europa, Asien sowie Amerika. In Australien und auf den Inseln des Pazifiks wurden sie eingeführt.

Nagetiere

Diese größte Ordnung der Säugetiere umfasst 1793 Arten. Sie sind auf der ganzen Welt vertreten.

Bermerkung: *Die Säugetiere sind hier in 20 Ordnungen unterteilt. Einige Zoologen unterscheiden nur 16 Ordnungen, andere 23. In der Wissenschaft von der Einteilung der Tierarten gibt es unterschiedliche Auffassungen.*

Kaffernbüffel

Fachbegriffe

Malaienbär

Uakari

Känguru mit Jungem

Seelöwe mit Harem

Languren

Anatomie Die Wissenschaft vom Körperbau der Lebewesen. Erst wenn man ihn kennt, kann man verstehen, wie die Lebewesen funktionieren.

Anpassung Von Anpassung spricht man, wenn sich ein Tier auf seinen Lebensraum und auf seine Lebensweise sehr gut eingestellt hat. Eisbären sind gut an ihre Umgebung angepasst, weil sie durch die weiße Farbe nicht auffallen. Das dichte Fell hält sie selbst beim Schwimmen trocken und warm. Manche Wüstentiere sind ihrem Lebensraum so gut angepasst, dass sie kein Wasser mehr trinken müssen. Tiere, die besser angepasst sind als andere, überleben und geben ihre Merkmale an ihre Nachkommen weiter. Auf diese Weise entstehen neue Arten.

Art Zu einer Art gehören alle Lebewesen, die sich untereinander paaren und fruchtbare Nachkommen haben. Das Pferd ist eine Art, der Esel wiederum eine nah verwandte Art des Pferdes. Untereinander können sich die beiden Arten zwar paaren, doch ihre Nachkommen, Maultier und Maulesel, sind unfruchtbar. Verschiedene nah verwandte Arten fasst man in einer Gattung zusammen.

Aussterben Wenn eine Art ausstirbt, verschwindet sie endgültig von dieser Erde. Völlig ausgestorben ist zum Beispiel die Steller'sche Seekuh, die bis zu 8 m lang wurde.

Beuteltiere Typisch für die Beuteltiere ist der Beutel, eine mehr oder weniger große Hautfalte am Bauch, in der die sehr früh geborenen Jungtiere heranwachsen. Im Beutel saugen sie Milch.

Blasloch Das Atemloch der Wale, eine unpaare Öffnung oben auf der Stirn. Aus dem Blasloch tritt der Blas aus.

Echopeilung Ein Verfahren zur Orientierung der Fledermäuse und der Delfine. Sie stoßen hohe, für uns unhörbare Schreie aus. Die Schallwellen werden von Hindernissen und Beutetieren zurückgeworfen. Die Tiere nehmen die Echos wahr und machen sich mit ihrer Hilfe ein Bild von der Umwelt.

Evolution Die Entwicklung der Lebewesen im Lauf der Erdgeschichte. Durch die Evolution sind aus niederen Formen höhere Tiere entstanden. Dies geschah durch schrittweise Veränderungen und Anpassungen.

Familie Mehrere miteinander verwandte Gattungen fasst man in einer Familie zusammen. Alle Katzenartigen bilden zum Beispiel eine Familie.

Gattung Mehrere nah verwandte Arten fasst man in einer Gattung zusammen. Löwe, Tiger, Leopard und Jaguar bilden zum Beispiel eine Gattung mit dem lateinischen Namen Panthera.

Gleichwarm Alle Tiere, die ihre Körpertemperatur von innen heraus regeln können. Sie haben deswegen eine konstante Körpertemperatur. Gleichwarm sind nur die Vögel und die Säuger. Die anderen Tiere heißen wechselwarm. Statt gleichwarm sagt man gelegentlich auch warmblütig.

Harem Wenn ein Männchen eine Familie mit mehreren Weibchen bildet und sich mit ihnen paart, besitzt es einen Harem. Harems haben zum Beispiel die Rothirsche und die See-Elefanten.

Huf Ein schuhartiger Hornüberzug der Zehenglieder bei den Huftieren. Die Hufe sind aus Krallen entstanden.

Insektenfresser Eine ziemlich primitive Gruppe der Säugetiere, die sich überwiegend von Insekten ernährt. Zu den Insektenfressern gehören die Spitzmäuse, die Maulwürfe und die Igel.

Jura Ein Abschnitt der Erdgeschichte. Der Jura begann von 208 Millionen Jahren und ging vor 145 Millionen Jahren zu Ende. In dieser Zeit gab es schon kleine Säugetiere, doch traten sie kaum in Erscheinung, denn Reptilien, vor allem die Dinosaurier, beherrschten die Erde.

Kloakentiere Eine urtümliche Säugetiergruppe, die einige Merkmale mit den Reptilien gemeinsam hat. Besonders gilt dies für die Kloake, eine einzige Körperöffnung für Ausscheidung und Fortpflanzung. Zu den Kloakentieren zählen das Schnabeltier und die Ameisenigel.

Konvergenz Tiere mit ähnlicher Lebensweise entwickeln oft unabhängig voneinander auch ähnliche Anpassungen. Sie scheinen sich dann zu gleichen, obwohl sie nicht näher miteinander verwandt sind. Diese Erscheinung nennt man Konvergenz.

Kralle Eine hornige Hülse am Ende der Finger und der Zehen. Aus den Krallen sind die Nägel und die Hufe entstanden.

Kreide Abschnitt der Erdgeschichte. Die Kreidezeit begann vor 145 Millionen Jahren und ging vor 65 Millionen Jahren mit dem Massenaussterben der Dinosaurier zu Ende. In der Kreide erlebten die Dinosaurier ihre größte Ausbreitung und Artenvielfalt. Die Säugetiere hingegen waren in jener Zeit noch sehr unscheinbar.

Lebensraum Statt Lebensraum sagt man heute oft auch Ökosystem. Jede Lebensgemeinschaft aus Pflanzen und Tieren bildet ein solches Ökosystem. Die Lebewesen hängen voneinander ab. Solche Lebensräume sind zum Beispiel Wald, See, Fluss und Savanne. Kleinere, enger begrenzte Lebensräume wie Feuchtwiesen oder die Heide nennt man Biotope.

Milch Nährflüssigkeit, die von den Milchdrüsen der weiblichen Säugetiere abgesondert wird. Die Milch dient den Jungen als Nahrung. Sie besteht zu 85 % aus Wasser. Die restlichen Bestandteile sind Proteine (Eiweiße) und Fette, Milchzucker und Mineralsalze. Die Zusammensetzung der Milch schwankt sehr stark von Art zu Art.

Nagel Eine Hornplatte am Ende der Finger und Zehen vor allem bei den Affen. Der Nagel ist aus der Kralle hervorgegangen.

Ordnung In einer Ordnung fassen wir mehrere miteinander verwandte Familien zusammen. Die Nagetiere bilden zum Beispiel eine Ordnung der Säuger.

Paarungszeit Während der Paarungszeit pflanzen sich die Tiere fort. Das Männchen besamt bei der Paarung das Weibchen. Vorher müssen sich die Partner aber erst kennen lernen und aufeinander abstimmen, was oft komplizierte Verhaltensweisen voraussetzt. Man nennt das Paarungsverhalten.

Plazentatiere Die Plazentatiere haben ihren Namen von der Plazenta, auf deutsch Mutterkuchen. Dieses Organ verbindet das heranwachsende Junge mit der Gebärmutter. Hier kommen der mütterliche und der kindliche Blutkreislauf miteinander in Kontakt. Nach der Geburt wird die Plazenta als Nachgeburt abgestoßen. Zu den Plazentatieren zählen alle Säuger mit Ausnahme der Beuteltiere und Kloakentiere.

Raubtiere Eine Gruppe der Säugetiere, die sich überwiegend vom Fleisch erlegter Tiere ernährt. Unter den Raubtieren gibt es jedoch auch Aas- und Allesfresser.

Reißzähne Ein Merkmal der Raubtiere: Die Reißzähne bestehen oben aus einem Vorbackenzahn und unten aus dem ersten Backenzahn. Sie sind dreieckig ausgebildet und haben scharfe Schneiden. Die Tiere zerschneiden mit den Reißzähnen Fleisch und Knochen.

Revierverhalten Das Revier oder Territorium ist ein geografisches Gebiet, das ein Männchen oder eine ganze Gruppe als seinen Besitz betrachtet. Mit dem Revierverhalten markieren die Männchen ihr Revier und verteidigen es gegenüber Eindringlingen der gleichen Art.

Säugerähnliche Reptilien Gruppe der Reptilien, aus der schließlich die Säugetiere hervorgegangen sind. Sie hatten besonders kräftige Schädel und einen neuen Gebisstyp. Im Lauf der Evolution wurden die säugerähnlichen Reptilien gleichwarm.

Sozial In der Gruppe lebend, gemeinsam. Als Sozialverhalten bezeichnen wir das Verhalten jedes Einzelwesens im Hinblick auf die Gruppe und auf andere Individuen.

Trias Abschnitt der Erdgeschichte. Die Trias begann von 250 Millionen Jahren und ging vor 208 Millionen Jahren zu Ende. Mit ihr fing das Zeitalter der Reptilien an. Gegen Ende der Trias entwickelten sich die ersten, allerdings noch unscheinbaren Säugetiere.

Wiederkäuer Eine Gruppe von Paarhufern mit einem besonders angepassten Verdauungssystem. Ihre Nahrung wird zunächst nur grob vorgekaut. Sie gelangt in den Pansen und wird dort von Bakterien aufgeschlossen und vergoren. Nach einiger Zeit wird die Nahrung zurück in den Mund befördert, erneut gekaut und wieder geschluckt. Sie gelangt dann über den Netz- und den Blättermagen in den Labmagen, wo die eigentliche Verdauung stattfindet.

Winterschlaf Bei uns fallen nur einige wenige Säugetiere in einen echten Winterschlaf, zum Beispiel die Siebenschläfer und die Igel. Die Tiere verringern dabei ihren Stoffwechsel, die Anzahl der Herzschläge, die Körpertemperatur und die Atemzüge. Auf diese Weise überstehen sie den Winter ohne Nahrungsaufnahme.

Koalas

Schuppentier

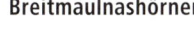

Breitmaulnashörner

Zwergmäuse

Buckelwal

63

Register

Bildnachweis

(l=links, M=Mitte, r=rechts, u=unten, B=Bildsymbol, H=Hintergrund, R=Rückseite, U=Umschlag, V=Vorderseite) **Ardea**, 32M (B. Arthus), 36or (J. P. Ferrero), 21oM (P. Morris). **Kathie Atkinson**, 17ur. **Auscape**, 45ur (E. & P. Bauer), 15ol (T. De Roy), 17uM, 25ur (J. P. Ferrero), 15oM, 46uM, 46ul, 61ur (Ferrero/Labat), 60ol (A. Henley), 7or (Jacana), 61oM (Jacana/Photo Researchers/M. D. Tuttle), 16oMr, 18uM, 19or (D. Parer & E. Parer-Cook). **Australian Museum**, 10or. **Australian Picture Library**, 55or, 26ol, 43or (Minden Pictures), 12uM (Minden Pictures/F. Nicklin), 18ol, 54oMl, 54ol (ZEFA). **Bruce Coleman Limited**, 29or, 50M (F. Bruemmer), 20ol (J. Burton), 48Ml (G. Cubitt), 30or (P. Davey), 20ur (F. J. Erize), 53oM (Jeff Foot Productions), 49ol (D. & M. Plage), 70Mr, 59oMr (H. Reinhard), 51or (J. Shaw), 15or, 35ol (R. Williams), 26ur, 27ul (K. Wothe), 12ol (G. Zielser). **The Image Bank**, 38oMl (P. McCormick), 7ol (J. van Os). **Images of Nature**, 38/39M (T. Mangelsen). **International Photographic Library**, 33oM. **Magnum**, 21ur (M. Nichols). **Mitchell Library**, State of New

South Wales, 17ol. **NHPA**, 9Mr (H. Ausloos), 49or (A. Bannister), 41or, 44ol (N. J. Dennis), 28uM (K. Schafer), 32or (M. Wendler), 31oM (A. Williams). **The Photo Library**, Sydney, 13or (N. Fobes/TSI), 37oM (K. Schafer/TSI), 29ur, 46Mr, 55oM (A. Wolfe/TSI). **Planet Earth Pictures**, 13ur (R. Coomber), 36Ml (A. Dragesco), 47Ml (K. Lucas), 40oMl (K. Scholey), 56ul (J. D. Watt). **Tom Stack & Associates**, 21or, 59or (D. Holden Bailey), 7Mr (B. Parker), 8ol (R. Planck), 60ul (E. Robinson), 60or (D. Tackett), 35or, 39or (B. von Hoffmann), 58ul (D. Watts). **Merlin D. Tuttle/Bat Conservation International**, 22uM, 22ol.

Grafik

Alistair Barnard, 24Ml. **André Boos**, 3, 4ul, 32/33M, 32uM, 32l, 33r. **Martin Camm**, 1, 28oM, 28Ml, 28ul, 34ol, 34Ml, 48/49M, 48ul, 56o, 57or, 62ul, 62oMl. **Simone End**, 6ul, 6or, 18Ml, 19ur, 38ul, 38ol, 39ol, 54/55M, 54ur, 55ol, 58/59M, 58uM, 58ol, 62uMl, 62Ml, 62ol, 63or. **Christer

Eriksson**, 6/7M, 18/19M, 28/29M, 34/35M, 56/57M. **Tim Hayward/Bernard Thornton Artists**, UK, 2l, 12/13M, 12ul, 13Mr, 63ur. **David Kirshner**, 8/9u, 8Ml, 9oM, 9M, 9or, 42l, 42o, 47o, 47r, 63Mr, 63oMr. **Frank Knight**, 4/5M, 36/37M, 36ul, 37r, 40/41M, 40oM, 40ol, 41oM, 41Mr. **John Mac/Folio**, 20/21M, 20oM, 20ul, 22/23M, 22Ml, 22ul, 23or, 50/51M, 50l, 50u. **James McKinnon**, 24/25M, 24oM, 24ul, 52/53M, 52ol, 53ol, 53or, 63uMr. **Trevor Ruth**, 14/15u, 14ol, 43–46M, 46ur. **Peter Schouten**, 4ol, 5ur, 5or, 10/11M, 10ol, 10ul, 10uM, 11or, 11oMr, 26/27M, 30/31M, 31or, icons. **Kevin Stead**, 16M, 16ul, 16or, 17or. **Rod Westblade**, endpapers.

Umschlag

Auscape, H (M. Freeman). **Simone End**, RUur. **Christer Eriksson**, VUM. **John Mac/Folio**, VUor. **The Photo Library**, Sydney, VUMr (A. Wolfe/TSI). **Kevin Stead**, RUol.